Das Insider-Dossier:

Bewerbung in der Automobilindustrie
Einstieg und Karriere für Ingenieure und Wirtschaftswissenschaftler

Das Insider-Dossier:
Bewerbung in der Automobilindustrie
Einstieg und Karriere für Ingenieure und Wirtschaftswissenschaftler

squeaker.net GmbH
→ www.squeaker.net
kontakt@squeaker.net

Copyright 2009 by squeaker.net GmbH

Verlag:	squeaker.net GmbH
Herausgeber:	Stefan Menden
Autoren:	Almut Schäfer, Matthäus Krzykowski
Produktionsleitung:	Jonas Seyfferth
Redaktion:	Daniel Kruse, Sylvia Brötje
Titelgraphik:	Alexander Hahn (→ www.hahn-alexander.de)
Satz:	Moon Works Media, Tegernsee
Bestellung:	Über den Fachbuchhandel oder versandkostenfrei unter: → www.squeaker.net
Preis:	19,90 €
ISBN:	978-3-940345-042

Trotz sorgfältiger Recherche können Verlag, Herausgeber und Autoren für die Richtigkeit der Angaben keine Gewähr übernehmen. Fragen, Anregungen und Kritik für die nächste Auflage bitte an kontakt@squeaker.net.

Alle Rechte, insbesondere das Recht auf Vervielfältigung und Verbreitung sowie der Übersetzung, vorbehalten. Kein Teil des Werkes darf in irgendeiner Form (durch Fotokopie oder ein anderes Verfahren) ohne schriftliche Genehmigung des Verlages gespeichert, kopiert oder verbreitet werden. Die Rechte der genannten Produkte, Marken und Claims liegen ausschließlich bei den jeweiligen Unternehmen.

Inhaltsverzeichnis

Einleitung 5

A. Faszination Automobil 7
I. Die Branche: Hauptakteure und Entwicklung 7
    1. Original Equipment Manufacturer (OEM) 8
    2. Lieferanten und ihre Systeme 21
    3. Entwicklung der Branche und Konsequenzen für Bewerber 25
II. Der Blick ins Unternehmen 28
    1. Konstruktion 29
    2. Forschung und Entwicklung 30
    3. Produktion 31
    4. Qualitätsmanagement und -sicherung 32
    5. Einkauf 34
    6. Marketing und Vertrieb 35
    7. Logistik 36
    8. Finanzmanagement 37
    9. Human Resources / Personalabteilung 38
III. Der Einstieg in die Branche 38
    1. Häufig gestellte Fragen 39
    2. Die eigene Karriere planen 41

B. Wie Sie Ihre PS auf die Straße bringen 44
I. Überzeugen Sie mit Ihrer Bewerbung 44
    1. Auf der Suche nach Stellen 44
    2. Erstellung Ihrer Bewerbungsunterlagen 51
        Ihr Lebenslauf 51
        Die Dritte Seite 58
        Anruf 60
        Anschreiben 62
        Bewerbungsarten 65
II. So bestehen Sie im Auswahlprozess 67
    1. Bewerbungsgespräche 67

Inhaltsverzeichnis

    2. Telefoninterview 85
    3. Assessment Center 88

C. Tools zur Unterstützung **103**
    1. Konstruktion 103
    2. Forschung & Entwicklung 107
    3. Produktionssysteme 112
    4. Qualität 119
    5. Einkauf 126
    6. Marketing 133
    7. Logistik 143
    8. Controlling 150

D. Erfahrungsberichte **154**
    1. Audi 155
    2. BMW 156
    3. Daimler 157
    4. Ford 159
    5. Opel 161
    6. Robert Bosch 162
    7. Porsche 165
    8. Toyota 168
    9. Volkswagen 170
    10. Volkswagen 172
    11. Seat 176

E. Unternehmensprofile und Kontakte **180**
    1. Continental 181
    2. IMC Networks 183
    3. MAHLE 187
    4. Porsche 191
    5. Volkswagen 196
    6. Weitere Unternehmenskontakte 200

Einleitung

Wir freuen uns, dass Sie sich für den Kauf des Insider-Dossiers entschieden haben. Ziel dieses Buches ist eine gründliche und umfassende Vorbereitung auf Ihre Bewerbungen in der Automobilindustrie. Das Dossier umfasst drei Teile.

Im Abschnitt A »Faszination Automobil« lernen Sie:

- dass die Automobilwelt ein Wertschöpfungssystem mit diversen Akteuren ist,
- welche Aufgaben und Anforderungen in unterschiedlichen Unternehmensbereichen an Sie gestellt werden,
- auf welche Einstellungspolitik der Unternehmen Sie sich vorbereiten müssen.

In Teil B »Wie Sie Ihre PS auf die Straße bringen« erfahren Sie:

- wie Sie nach geeigneten Stellen suchen können,
- was eine gute Bewerbung ausmacht,
- welche Auswahlverfahren es gibt und wie Sie darin glänzen können.

Teil C »Tools zur Unterstützung« schließt ans Bewerbungsverfahren an. Dort finden Sie geballtes Fachwissen rund um die Branche, welches Ihnen echte Wettbewerbsvorteile verschafft.

Am Ende dieses Kapitels werden Sie dadurch:

- für die wichtigsten Unternehmensbereiche Tools kennen lernen, die Ihnen die tägliche Arbeit bei operativen und strategischen Herausforderungen erleichtern,
- ein höheres Verständnis für den Nutzen und die Anwendung der Tools haben.

Im Teil D »Erfahrungsberichte« erfahren Sie:

- wie frühere Bewerber das Auswahlverfahren bei den Unternehmen erlebt haben,

- welche konkreten Fragen und Aufgaben im Interview und Assessment Center gestellt werden,
- wie die Arbeit in der Automobilindustrie tatsächlich aussieht und was Ihnen Berufserfahrene mit auf den Weg geben möchten.

Im Teil E wird Ihnen eine Auswahl von Unternehmen ausführlich vorgestellt, welche Sie in die engere Auswahl Ihrer Arbeitgeber nehmen sollten. Im Teil F erhalten Sie Kontaktinformationen zu zahlreichen wichtigen weiteren Playern der Branche.

Dieses Buch ist näher an der Automobilbranche dran, weil es:

- zeigt, welche Anforderungen Automobilunternehmen an Ihre zukünftigen Spitzenkräfte stellen und wie Sie denen gerecht werden können,
- von Insidern der Branche geschrieben wurde,
- direkte Einblicke in die Industrie bietet und den Ein- und Aufstieg anhand von konkreten Beispielen zeigt.

Wir wünschen Ihnen viel Erfolg bei der Bewerbung. Mit dem Insider-Dossier halten Sie dazu das richtige Buch in der Hand!

Feedback: Wie ist Ihr Interview gelaufen? Damit wir dieses Buch stets weiter verbessern können, freuen wir uns über Ihr Feedback und Ihre eigenen Erfahrungen aus dem Bewerbungsgespräch. Auf → www.squeaker.net können Sie uns über den Ablauf Ihrer Bewerbung berichten. So profitieren auch künftige Einsteiger von Ihren Erlebnissen.

A. Faszination Automobil

I. Die Branche: Hauptakteure und Entwicklung

Als eine der weltweit größten Industrien übt die Automobilbranche als zukünftiger Arbeitsplatz für viele eine besondere Faszination aus. Gerade in Deutschland wird sie als Schlüsselbranche bezeichnet; jeder siebte Arbeitsplatz hängt direkt oder indirekt vom Auto ab. Zur Automobilindustrie im engeren Sinne gehören Unternehmen, die Kraftfahrzeuge und Motoren, Anhänger, Aufbauten und Container sowie Fahrzeugteile und –zubehör herstellen. Im weiteren Sinne zählen zum Beispiel Zulieferer aus der textilen, chemischen und elektronischen Industrie dazu, ebenso der Maschinenbau und die Eisenindustrie. Weiterhin an der Wertschöpfung als Dienstleister beteiligt sind Ingenieurbüros, Speditionen, Verkehrsbetriebe und Unternehmensberatungen. Schließlich beschäftigen sich Händler, Werkstätten, Tankstellen, Autovermietungen und das Taxigewerbe mit der tatsächlichen Nutzung von Autos. Nicht zuletzt mischen Banken, Versicherungen und Behörden im mobilen Markt mit. Somit wird schnell klar, wie heterogen und unübersichtlich die Branche ist.

Deswegen wollen wir in diesem Kapitel eine Übersicht schaffen. Dazu stellen wir das automobile Wertschöpfungssystem vor, von den OEMs (»Original Equipment Manfacturers«) bis zu ihren (System-)Lieferanten, und erläutern die Karrieremöglichkeiten für Studenten und Absolventen.

In den vergangenen Jahren hat die Automobilindustrie einen tiefgehenden Strukturwandel erlebt und steht nun vor großen Herausforderungen. Die Schlagworte lauten: stagnierende Stammmärkte, Expansion in Wachstumsmärkte (z.B. Asien), individualisierte Kundenbedürfnisse, innovative Fahrzeugkonzepte und die steigende Verantwortung von Systemlieferanten. Diese Phänomene werden im Verlauf des Insider-Dossiers weiter ausgeführt. Wichtig für Sie als Bewerber: Ohne ein ausgeprägtes analytisches Verständnis der Industrie sind Ihre Chancen auf eine Anstellung äußerst gering.

I. Die BrancheA. Faszination Automobil

Das automobile Wertschöpfungssystem

Wichtig für das Verständnis von Wertschöpfungssystemen ist die dargestellte Zulieferer-Pyramide. Sie verdeutlicht die hierarchische Beziehung zwischen den Herstellern und den jeweiligen Ebenen der Zuliefererunternehmen.

Abbildung 1: Zulieferer-Pyramide

Die Hersteller und Zulieferer werden in drei Ebenen unterteilt. Als »Tier 1« werden Unternehmen bezeichnet, die Module oder Komponenten direkt an die OEMs liefern. Diese Firmen verkaufen unter ihrem Markennamen kooperativ erstellte Produkte, leiten strategische Unternehmensnetzwerke und bestimmen die weitere Zulieferkette. Als »Tier 2« werden demnach Zulieferer bezeichnet, die größtenteils Zulieferer aus dem »Tier 1« mit Materialien als auch einfacheren Produkten versorgen. Vereinzelt werden auch die OEMs zugeliefert, aber mit Materialien/Produkten von geringerem technischen und wirtschaftlichen Integrationsgrad. »Tier 3« Zulieferer, wiederum, versorgen größtenteils die Unternehmen der zweiten Ebene. Zusätzlich verschiebt sich die Wertschöpfungstiefe tendenziell immer mehr zu Gunsten der Zulieferer.

1. Original Equipment Manufacturer (OEM)

Die Zahl der OEMs sinkt seit langer Zeit stetig. Existierten im Jahr 1960 noch mehr als 50 unabhängige Automobilhersteller, so spricht man heute von den »Big Eleven«.

Abbildung 2: Übersicht ausgewählter Marken

Einige der ehemals selbständigen OEMs sind heute in Konzerne eingebunden, werden aber als eigenständige Marke weitergeführt. Das Recruiting erfolgt nicht für den gesamten Konzern, sondern meist für jede Marke einzeln.

Im Folgenden haben wir eine Liste von OEMs und ausgewählten Marken zusammengestellt. Die Zusammenstellung basiert auf zwei Kriterien:

a) Größe: Wie viele Neuzulassungen von Pkw stammen von dieser Marke?

b) Chancen: Wer bietet aktuell Jobs an, die über Tätigkeiten im eigenen Händlernetz hinausgehen?

Toyota

Kijchiro Toyoda gründete 1937 die Toyota Motor Corporation - der Firmenname wurde zugunsten einer vereinfachten Aussprache leicht abgewandelt. Seither verzeichnet Toyota eine beispiellose Erfolgsgeschichte und gilt in vielen Feldern als Vorbild der Branche. Mit 9,37 Millionen verkauften Fahrzeugen überholten die Japaner 2007 den bisher weltweit führenden US-Konzern General Motors (GM). Ökonomen rechnen Toyota die höchsten weltweiten Gewinne als Autobauer zu. Die Börse bewertet das Unternehmen auf über

200 Milliarden Dollar – deutlich mehr als General Motors, Ford und Daimler zusammen.

Autos von Toyota zeichnen sich durch eine hohe Qualität und Zuverlässigkeit aus und sind dazu in der Regel kostengünstiger als die der Mitbewerber. Ingenieure verweisen auf das berühmte Toyota-Produktionssystem: Kanban, Kaizen, TQM, TPM oder Poka Yoke sind »Best Practices« von denen auch Einsteiger in die Industrie schon gehört haben sollten. Mit dem Modell Prius brachte Toyota das erste Automobil mit Vollhybridantrieb auf den Markt. Die zukunftsweisende Technologie erhielt weltweit zahlreiche Auszeichnungen, den renommierten internationalen Motoren-Wettbewerb »Engine of the Year« sackte das Unternehmen bereits vier Mal in Folge ein.

1947 startete die kommerzielle Pkw-Produktion, 1959 entstand das erste Werk außerhalb Japans. Im Zug der Internationalisierung verfolgte Toyota immer die Strategie der Lokalisierung von Produktion und Design. Jahrzehntelang favorisierte das Unternehmen Nordamerika als Standort. Mit Erfolg: Der Durchbruch in den USA gelang in den 70er Jahren mit dem günstigen, Sprit sparenden Modell Corolla. Anfang der 80er griffen die Japaner das amerikanische Luxussegment an; der erste Lexus wurde 1989 produziert. Heute steht Toyota sowohl im Luxus- als auch im Mittelklassesegment in Nordamerika an der Spitze.

Mit dem Beitritt in den Herstellerverband ACEA hat Toyota nun auch offiziell in Europa Fuß gefasst. Im Jahr 2007 verkauften die Japaner in Europa 1,24 Millionen Autos, ein Zuwachs von zehn Prozent zum Vorjahr. Gleichzeitig nennt der Vorstand das Wachstum auf dem europäischen Obersegment als ein strategisches Ziel der nächsten zehn Jahre. Doch damit nicht genug: Toyota eröffnet Produktionsstätten in Mittel- und Osteuropa und zielt damit auf das untere Preissegment ab. Die Entwicklung von Toyota liest sich wie ein japanisches Wirtschaftsmärchen – Fortsetzung folgt.

Wenn man vom Toyota-Formel-1-Team absieht, betrachtet das Unternehmen Deutschland vor allem als Handelsnetz. Europäisch ausgerichtete Bewerber finden einige Stellen in Brüssel. In der Zentrale bei Köln arbeiten knapp 400 Mitarbeiter. Im westlichen Europa existieren einige Forschungszentren.

Ausgewählte Produkte von Toyota nach Segmenten:

    a. Kompaktklasse: Corolla und Yaris

    b. Mittelklasse: Camry, Avensis

    c. Oberklasse: Lexus

    d. SUVs, Trucks: Tacoma, Highlander, Land Cruiser

    e. Minivans: Hiace, Isis

General Motors

Die General Motors Corporation (GM) galt in den letzten 75 Jahren als größter Autoproduzent der Welt. Im Jahr 2007 verkauften die Amerikaner 9,3 Millionen Autos der Marken Buick, Cadillac, Chevrolet, GMC, GM Daewoo, Holden, Hummer, Pontiac, Saab, Saturn, Vauxhall und Opel. Somit wurde ein globaler Marktanteil von ca. 13,5 Prozent erreicht. Neben der Autosparte ist GM noch in verwandten Bereichen tätig.

Traditionell verfolgt GM eine Akquisitions- und Diversifikationsstrategie. Um zu wachsen, kaufte GM Unternehmen wie Opel und führte Produktzusatzleistungen wie beispielsweise eine hausinterne Finanzierung zum Fahrzeugkauf ein. Mit solchen Strategien sollte eine maximale Kundenzufriedenheit erreicht werden. Was lange Zeit erfolgreich war, gelingt mittlerweile nur noch bedingt.

GM steckt gegenwärtig in einer großen Krise. Gerade in den USA hat das Unternehmen den Trend verschlafen und stattdessen weiter auf Großwagen wie Pick-Ups und Sport Utility Vehicles (SUV) gesetzt. Doch gerade in diesem Segment sind die Gewinne seit 2001 durch einen harten Preiskampf eingebrochen. Überholt worden ist GM vor allem von der japanischen Konkurrenz, die in nahezu allen Produktsegmenten in Sachen Technologie, Sicherheit und Design vorne liegt. Im Hebst 2008 meldete GM ein Minus von 15,5 Milliarden Dollar im zweiten Quartal.

Die deutsche GM-Tochter Adam Opel GmbH ist der zweitgrößte deutsche Fahrzeughersteller und führt neben Rüsselsheim Standorte in Kaiserslautern, Eisenach und Bochum. Die Zukunft Opels in Deutschland ist jedoch schwierig. In den vergangenen Jahren wurden bei der Sanierung des Werkes in Rüsselsheim 5000 Stellen gestrichen, Ende 2008 sind noch 18.300 Menschen dort beschäftigt.

Allerdings verkaufte GM im Jahr 2007 in Europa so viele Autos wie nie zuvor. Der Absatz stieg im Vergleich zum Vorjahr um 8,9 Prozent auf 2,2 Millionen Wagen. Damit legte der Verkauf stärker zu als der europäische Automarkt insgesamt. Der Marktanteil des US-Autoherstellers kletterte von 9,2 auf 9,5 Prozent.

Ausgewählte Produkte von Opel nach Segmenten:

    a. Kleinwagen: Corsa
    b. Kompaktwagen: Astra
    c. Mittelklasse: Vectra
    d. Minivan: Meriva
    e. Kompaktvan: Zafira

Ford

Ford wurde 1903 gegründet und produziert Pkw, Lkw und Ersatzteile über die Marken Ford, Lincoln, Mercury, Mazda und Volvo. Die britischen Tochtermarken Jaguar und Land Rover sollen schon seit längerem veräußert werden. Auch bei Ford sieht es im Jahr 2007 düster aus: Der Absatz im Heimatmarkt USA brach weit überdurchschnittlich mit einem Minus von zwölf Prozent ein. Noch stärker stürzten nur die Aktienkurse. Dennoch bleibt Ford hinter Toyota und GM der weltweit drittgrößte Hersteller. Das Unternehmen ist in über 200 Ländern vertreten.

Historisch ist die Rolle des Firmengründers Henry Ford: Er kann als einer der Übervater des technischen Fortschritts bezeichnet werden. Der Erfinder der Fließbandproduktion und weiterer technischer Innovationen setze durch seine hohen Löhne für Mitarbeiter auch soziale Standards durch.

Bill Ford, Urenkel des legendären Henry Ford, sagte, dass der Autokonzern gute Fortschritte gemacht habe, um wie geplant 2009 wieder in die schwarzen Zahlen zu kommen. In Europa, Asien und Lateinamerika sei man bereits profitabel. Ford-Konzernchef Alan Mullaly hat dieses Jahr sechs neue Modelle angekündigt, davon zwei mit Hybrid-Antrieb.

Die europäischen Aktivitäten werden von der Ford-Werke GmbH in Köln mit rund 27.000 Mitarbeitern geleitet. Produktionsstandorte sind neben Köln die

Werke in Saarlouis, Genk (Belgien) und Valencia. Zusätzlich sind in Köln und Aachen große Forschungszentren angesiedelt.

Ausgewählte Produkte von Ford nach Segmenten:

    a. Kleinstwagen: Ka
    b. Kleinwagen: Fiesta
    c. Kompaktklasse: Focus
    d. Mittelklasse: Mondeo
    e. Kompaktvan: C-MAX und S-MAX
    f. Van: Galaxy

Volkswagen

Das Unternehmen wurde 1937 mit dem nostalgischen Ziel gegründet, jedem Bürger den Besitz eines eigenen Automobils zu ermöglichen. In der Nachkriegszeit wurde dies vor allem durch den VW Käfer umgesetzt. Heute ist die Volkswagen AG Deutschlands und Europas führender Automobilhersteller. 2007 verkaufte der Konzern fast 6,2 Millionen Pkw und beschäftigte mehr als 300.000 Mitarbeiter. Die Produktion läuft an insgesamt 47 Fertigungsstätten in 18 Ländern weltweit. In mehr als 150 Ländern werden Volkswagen angeboten. Zur Markengruppe gehören neben Volkswagen auch Škoda, Bentley, Bugatti und Audi. Die Marken Seat und Lamborghini sind weiterhin Audi untergeordnet. Wegen der getrennten Markengruppenstrategie verfolgen Volkswagen und Audi auch getrennte Recruitment-Strategien. Das Gesamtunternehmen deckt zusätzlich die Sparten Nutzfahrzeuge, Finanz- und IT-Dienstleistungen ab. Es bestehen ebenfalls Beteiligungen an Scania und der MAN AG.

Der VW-Konzern verfolgte in der Vergangenheit eine aggressive internationalisierte Produktionsstrategie: Weil die Verkäufe in Westeuropa seit Jahrzehnten nur moderat laufen, haben die Wolfsburger erfolgreiche Produktionsstandorte in Latein- und Südamerika, Asien und Osteuropa aufgebaut.

Nicht ganz so erfolgreich war die in den 90ern begonnene Strategie, den Konzern in Richtung Luxus- (Lamborghini und Co.) und Oberklasse (Phaeton) auszurichten. Aber auch im Mittel- und Unterklassesegment verliert VW an

Fahrt: Im Vergleich zu Wettbewerbern werden Modelle wie der Golf V zu teuer produziert und verkaufen sich deswegen zu schlecht.

Mit über 170.000 Beschäftigen an unterschiedlichen Standorten gehört Volkswagen zu den größten Arbeitgebern in Deutschland. Obwohl von einem deutlichen Beschäftigungsrückgang auszugehen ist, bleibt VW ein spannender Arbeitgeber. Da der neue VW-Chef Winterkorn ein Techniker ist, kann man von steigenden Investitionen des Konzerns und mehr technischen Stellen ausgehen.

Das gekippte »VW-Gesetz«, welches die Stimmrechte jedes Aktionärs auf 20 Prozent begrenzte, wurde 2007 abgeschafft. Der Sportwagenhersteller Porsche hat daraufhin in den letzten Monaten seinen Stimmrechtsanteil auf über 35 Prozent ausgedehnt und plant bis Anfang 2009 eine klare Mehrheitsbeteiligung. Welche Auswirkungen die neue Porsche-Dominanz bei VW haben wird, lässt sich derzeit noch nicht abschätzen. Während der Betriebsrat Werkschließungen und eingeschränkte Mitbestimmungsrechte befürchtet, will Winterkorn nach dem Vorbild von Toyota die Produktivität verbessern und gleichzeitig Kosten bei den Komponenten sparen.

Ausgewählte Produkte von Volkswagen nach Segmenten:

   a. Kleinstwagen: Fox und Polo
   b. Kleinwagen: New Beetle und Golf
   c. Mittelklasse: Passat
   d. Oberklasse: Phaeton
   e. Van: Sharan
   f. Geländewagen: Touareg

Audi

Trotz rückläufiger Verkaufszahlen in Deutschland hat Audi 2007 so viele Autos verkauft wie noch nie. Weltweit seien 964.151 Fahrzeuge ausgeliefert worden und damit 6,5 Prozent mehr als 2006, teilte der Ingolstädter Autobauer mit. Es ist das zwölfte Rekordjahr in Folge. 2008 soll nun die Marke von einer Million geknackt werden.

In Europa verzeichnete die Volkswagen-Tochter einen Zuwachs von 4,3 Prozent auf gut 686.000 Autos. Allerdings verbuchte Audi, ähnlich wie andere

Premiumanbieter, in Deutschland ein Minus von 1,5 Prozent auf 254.000 Einheiten. Größter europäischer Auslandsmarkt war Großbritannien, wo es einen Anstieg von 17 Prozent gab. In den USA kletterte der Absatz um fast vier Prozent auf über 93.000 Autos, in China sogar um 25 Prozent auf rund 102.000 Einheiten.

Audi sieht sich als eine der weltweit führenden Premium-Marken und steht nach eigener Darstellung für exzellentes Design, technische Innovationen und Hochwertigkeit.

Ausgewählte Produkte von Audi nach Segmenten:

    a. Kleinwagen: A2
    b. Kompaktklasse: A3
    c. Mittelklasse: A4
    d. Obere Mittelklasse: A6
    e. Oberklasse: A8
    f. Sportcoupe: TT

Porsche

1931 beginnt die Erfolgsgeschichte von Porsche, 1950 gilt der Produzent aus Zuffenhausen auch international als der Sportwagenhersteller schlechthin. Jedoch lief es für den Edelhersteller nicht immer so glatt. Es gab Höhen und Tiefen. Neben der Beinahe-Übernahme durch Daimler Ende der 50er Jahre sind die immensen Verluste Anfang der 90er Jahre zu nennen, welche das Unternehmen existentiell bedrohten. Trotz der geringen Größe – Porsche verkaufte 2007 knapp über 100.000 Pkw – wahrt Porsche nicht nur seine Unabhängigkeit, sondern ist hochprofitabel und auf Expansionskurs. Finanzielle Reserven ermöglichten 2005 einen Einstieg bei VW, der bis Anfang 2009 sogar zu einer Mehrheitsbeteiligung ausgebaut werden soll.

Porsche setzte sehr früh als erster europäischer Automobil-Konzern konsequent auf Outsourcing. Sekundäre Wertschöpfungssegmente wurden ausgelagert. Zusätzlich entwickelte man mit dem Boxster ein Modell, das sich als rettender Verkaufsschlager entpuppte. Heute wird das Produktportfolio neben dem Boxster durch den SUV Cayenne, den klassischen 911er und den Panarema in der Oberklasse ergänzt.

Für Bewerber gilt der von Wendelin Wiedeking geführte Hersteller als innovativer und verlässlicher Arbeitgeber und zählt deshalb zu den Traumzielen innerhalb der Branche.

Daimler

Die Namenswechsel in den letzten Jahren spiegeln den Wackelkurs des Konzerns wider. 1998 entstand die DaimlerChrysler AG als Zusammenschluss der Daimler-Benz AG mit der amerikanischen Chrysler. Nachdem die Vision eines Technologiekonzerns unter Edzard Reuter scheiterte, setzte sein Nachfolger Jürgen Schrempp vor allem auf die Fusion mit Chrysler. Sein Ziel war es, den Konzern zu einer Weltmarke aufzubauen, die auf allen Kontinenten mit starken Modellen vertreten ist. Vor allem ein Fiasko mit Mitsubishi bereitete der Strategie und Schrempps Regentschaft ein Ende. Nach der Trennung von Chrysler in 2007 besann man sich auch namentlich auf das Bewährte und kehrte zum Namen Daimler AG zurück.

Mittlerweile kümmert sich Jürgen Zetsche um die aufgestauten Probleme. Er muss Kosten sparen und die Qualität steigern. Die ehemals unantastbare Marke mit dem Stern hat durch wiederholte Qualitätsprobleme gelitten, Mercedes gelangte unter Zetsche wieder zu altem Glanz.

Bereinigt um die ehemalige Chrysler-Beteiligung verkaufte Daimler 2007 fast 1.300.000 Pkw, ein Anstieg um drei Prozent. Dabei beschäftige der Konzern über 260.000 Mitarbeiter.

Das Unternehmen wird in die Segmente Mercedes Car Group (Mercedes, Smart, Maybach), Nutzfahrzeuge und Finanzdienstleistungen geteilt. Daneben hält der Konzern diverse Beteiligungen.

Mit den Mercedes-Klassen B, R und G werden alle wichtigen Segmente der Ober- und Mittelklasse abgedeckt. Durch massive Kosteneinsparungen setzt das Unternehmen auf weitere Effizienzsteigerungen.

Ausgewählte Produkte von Mercedes nach Segmenten:

    a. Kleinwagen: A-Klasse
    b. Einstieg: C-Klasse
    c. Limousine: S-Klasse

    d. Coupe: CLK-Klasse
    e. SUV: G-Klasse

Renault-Nissan

Renault-Nissan ist eine 1999 gegründete Allianz. Gemeinsam erreichen die Unternehmen über neun Prozent Marktanteil und sind damit der viertgrößte Spieler auf dem Automobilmarkt. Renault selbst wurde 1898 durch die Gebrüder Renault gegründet. Obwohl Renault seit 1994 eine Aktiengesellschaft ist, gibt es durch eine 46-prozentige Staatsbeteiligung einen sehr hohen Einfluss der französischen Regierung. Dieser war in den 80er Jahren bei der Verwandlung in einen breit aufgestellten, führenden Konzern mit entscheidend. Neben Pkw, Lkw und Motoren baut Renault auch Teile für die Bahn und Landwirtschaftsfahrzeuge.

2007 beschäftigte Renault weltweit über 134.000 Mitarbeiter. In Europa gibt es Produktionsstätten in Frankreich, Belgien, Slowenien, Portugal und der Türkei.

Der Erfolg von Renault gelang besonders durch die erfolgreiche Kooperation mit Nissan und die Übernahme des rumänischen Herstellers Dacia im Jahr 1999. Renault besitzt mittlerweile 44,4 Prozent von Nissan und Nissan 15 Prozent an Renault. Anders als beispielsweise bei Daimler waren alle Beteiligungen hoch profitabel und von gegenseitigem Nutzen. Der zu Nissan entsandte Spitzenmanager Carlos Ghosn erreichte bei Nissan Spitzenergebnisse, erneuerte die Pkw-Palette und setzte auch einige seiner Konzepte nach seiner Rückkehr bei Renault um.

Ausgewählte Produkte von Renault nach Segmenten:

    a. Kleinwagen: Twingo
    b. Kompaktklasse: Clio
    c. Mittelklasse: Laguna und Megane
    d. Kompaktvan: Scenic
    e. Van: Espace

Ausgewählte Produkte von Nissan nach Segmenten:

    a. Kleinwagen: Micra

    b. Kompaktklasse: Almera

    c. Obere Mittelklasse: Maxima

Nissan beschäftigt weltweit über 140.000 Mitarbeiter. Der Standort Deutschland ist für beide Unternehmen für den Vertrieb wichtig.

PSA Peugeot Citroen

Der französische Konzern PSA produziert Fahrzeuge und Motorräder unter den Marken Peugeot und Citroen. Zu den weiteren wichtigen Beteiligungen gehört der Zulieferer Faurecia und das Logistikunternehmen Gefco. Beide Unternehmen haben eine stolze Geschichte und sind nach Volkswagen der zweitgrößte europäische Volumenhersteller. Peugeot wurde bereits 1810 gegründet und produziert seit 1891 Pkw, Citroen seit 1919.

Die Marke Citroen stand jahrzehntelang für hohen technischen Fortschritt. 1973 jedoch wurde die innovative Produktpolitik zu kostspielig und der Umsatzeinbruch durch die Ölkrise führte schließlich zum Bankrott. 1976 übernahm Peugeot die angeschlagene Marke Citroen und setzte auf Kostensenkungen. In den 80er Jahren gelang der Wiederaufstieg durch die Vorreiterschaft im Platform Sharing: Unterschiedliche Modelle teilten sich Plattformen und Module und große Stückzahlen konnten so preiswerter produziert werden.

2007 verkaufte der Konzern 3,8 Prozent mehr Pkw als im Vorjahr, insgesamt 3,4 Millionen Pkw. Der gemeinsame weltweite Marktanteil beträgt über 5,2 Prozent, welcher von über 210.00 Mitarbeitern erreicht wird. In Deutschland beschränkt sich PSA auf Vertriebsaktivitäten.

Ausgewählte Produkte von PSA Peugeot Citroen nach Segmenten:

    a. Kleinstwagen: C1

    b. Kompaktklasse: C4

    c. Obere Mittelklasse: C6

Ausgewählte Produkte von Peugeot nach Segmenten:

    a. Kleinstwagen: 107
    b. Kompaktklasse: 307
    c. Mittelklasse: 407

BMW

Mit den Marken BMW, MINI und Rolls-Royce setzt das 1916 gegründete Unternehmen konsequent auf Premium-Marken. Zusammen verkaufte das Unternehmen 2007 über 1,5 Millionen Pkw (+9,2 Prozent) und beschäftigte mehr als 105.000 Mitarbeiter.

Auch BMW hat eine ereignisreiche Vergangenheit hinter sich. Am Anfang der 90er Jahre setzte der Konzern auf die Strategie der Kostenvorteile, um dadurch hohe Produktionsvolumen zu erreichen. Der Zukauf des britischen Rover Konzerns erwies sich jedoch als Fehlschlag. Rover verschlang nur Investitionen und so trennte man sich von allen Marken außer dem MINI.

Spätestens zu diesem Zeitpunkt besann sich BMW auf das Kerngeschäft im Premiumbereich und setzte auf ein Wachstum über die Weiterentwicklung der eigenen Produktpalette. 2003 wurden nur die Markenrechte von Rolls-Royce erworben. Mittlerweile gehört BMW zu den profitabelsten Unternehmen der Autoindustrie. Ein aktuelles Thema bei BMW sind Kooperationen, welche angestrebt werden müssen, um Entwicklungs- und Produktionskosten weiter zu senken.

Standorte in Deutschland finden sich in Dingolfing, München, Regensburg, Landshut, Leipzig und Berlin. Die Mitarbeiterzahl ist in den letzten Jahren konstant gewesen. BMW gehört zu den beliebtesten Arbeitgebern Deutschlands.

Ausgewählte Produkte von BMW nach Segmenten:

    a. Kompaktklasse: 1er
    b. Mittelklasse: 3er
    c. Obere Mittelklasse: 5er
    d. Oberklasse: 7er
    e. Roadster: Z4
    f. SUV: X5

Hyundai

Als Staatsunternehmen 1967 gegründet, stieg Hyundai zum sechstgrößte Fahrzeughersteller der Welt auf. Im Moment ist das Unternehmen im starken Wachstum. So verkaufte das Unternehmen in 2007 über 3,97 Millionen Fahrzeuge (+21 Prozent) und plant für 2008 um weitere 20 Prozent zu wachsen. Zum Unternehmen gehört ebenfalls die Marke Kia. Der Konzern beschäftigt weltweit über 68.000 Mitarbeiter.

Dieser Aufstieg wurde noch Anfang der 90er Jahre in Europa belächelt. Zwar gelang es dem Unternehmen die Importzahlen stetig zu steigern. Jedoch glaubten Beobachter den Markterfolg über die günstigen Preise zu erklären und waren angesichts einiger Qualitätsprobleme skeptisch. Diese Probleme wurden in Folge nicht nur behoben, sondern zu einer Stärke der Fahrzeuge entwickelt.

Aus der asiatischen Wirtschaftskrise ging Hyundai trotz eigener Schwierigkeiten gestärkt hervor. 1998 übernahm man den koreanischen Rivalen Kia. Die enge Kooperation mit Daimler zwischen 2000 und 2004 war nur bedingt zufrieden stellend. Großen Erfolg feierte der Konzern dafür zuletzt in den Vereinigten Staaten. Dort sind Hyundai-Modelle vor allem wegen ihrer exzellenten Qualität bekannt.

Ein Indikator für die Stärke sind die hohen Preise im Gebrauchtwagenmarkt. Dem Unternehmen gelingt es so, sich weitgehend aus dem Preiskampf heraus zu halten und sogar die eigenen Marktanteile stetig auszuweiten. Aus dieser Stärke heraus machte man in den letzten Jahren weitere Schritte in Europa: Zuvor nur als Importeur aktiv, gründete Hyundai mehrere Forschungsstätten und baute eine Produktion in der Türkei auf. Die Europazentrale von Hyundai befindet sich in Neckarsulm, die von Kia in Frankfurt.

Ausgewählte Produkte von Huyndai nach Segmenten:

- a. Kleinwagen: Getz
- b. Kompaktklasse: i30
- c. Mittelklasse: Sonata

Ausgewählte Produkte von Kia nach Segmenten:
  a. Kleinwagen: Rio
  b. Kompaktklasse: cee'd
  c. Mittelklasse: Magentis

2. Lieferanten und ihre Systeme

Der Hauptgrund für die Entstehung von Systemlieferanten liegt in den gestiegenen Ansprüchen der Kunden. In immer kürzeren zeitlichen Abständen muss eine Vielzahl von Varianten angeboten werden. Der Wunsch nach Individualisierung sorgt dafür, dass die Produktpalette der Hersteller immer breiter, der Produktlebenszyklus jedoch immer kürzer wird.

Gleichzeitig erzeugt ein verstärkter Wettbewerb einen heftigen Preisdruck. Beispielsweise muss der Golf V von VW im Gegensatz zu seinen Vorgängern nicht nur qualitativ besser, sondern auch billiger produzierbar sein. Der Druck, möglichst große Kosteneinsparungen zu erzielen, wird auf die Lieferanten umgewälzt. Hinzu kommt, dass die Einkaufsabteilungen aufgrund der Transaktionskosten und der Volumenbündelung die Anzahl der Lieferanten reduzieren – was also vorher 20 Anbieter erledigten, müssen heute fünf schaffen. Dies ermöglicht den OEMs, größere Umfänge, nämlich Komponenten, Module oder Systeme, anstatt bloßer Teile ordern zu können. Gleichzeitig können die Hersteller die Lieferanten so gegeneinander ausspielen, indem sie mit der Vergabe der großen Aufträge an die Konkurrenz drohen. Die Hersteller betreiben gezielt Konsolidierung und halten bis zu drei Lieferanten im Spiel – falls einer der Konkurrenten ausfällt, bleiben Alternativen, denn die Bänder dürfen aufgrund hoher Ausfallkosten nicht still stehen. Daneben ermöglicht gezieltes Outsourcing die Weitergabe von Risiken. Lieferanten tragen größere Investitionskosten, haften verstärkt für Entwicklungs- und Produktionsfehler und tragen ein größeres Absatzrisiko falls eine Baureihe schlecht läuft.

Als Reaktion auf diese Entwicklung entstehen größere Systemlieferanten. Diese können besser mit den Anforderungen größerer Produkt- und Variantenvielfalt, dem Kostendruck und den steigenden Risiken umgehen. Durch eine intensive Zusammenarbeit mit den OEMs schaffen sie es, die Herausforderungen zu bewältigen. Dies zeichnet sich durch geringere Kosten, bessere Qualität und Spezialisierung, sowie eine höhere Technikkompetenz speziell im Elektronikbereich aus. Mehr Aufträge für Systemlieferanten ermöglichen damit Investitionen in Material, Maschinen und Mitarbeiter. Daraus resultiert eine intensive Zusammenarbeit in der Entwicklung und Produktion und in Einzelfällen sogar eine gemeinsame Ausrichtung der Strategien von Hersteller und Lieferant.

Der stärker werdende Zeit- und Kostendruck der Hersteller kann aber auch für eine abfallende Qualität in der ganzen Wertschöpfungskette sorgen, was oftmals schon zu imageschädigenden Rückrufaktionen geführt hat. Um diese zu meistern, werden immer strengere Qualitätsnormen und -prozesse eingeführt, gerade Systemlieferanten wappnen sich zum Schutz vor Regressansprüchen mit dem Total Quality Management (TQM). Alle Zulieferer müssen zudem verschiedene Zertifizierungen etwa nach ISO-Norm vorweisen.

Die Zulieferer haben inzwischen die Technologieführerschaft gegenüber OEMs gewonnen. Weiteres Kapital wird benötigt, um vor allem die kostenintensive Elektronikforschung voranzutreiben.

System, Modul, Komponente

In überraschend vielen Fällen kennen Bewerber im Gespräch die Produkte des Lieferanten nicht oder nicht ausreichend.

Mit nachfolgender Abbildung werden Sie die Systeme und Komponenten der Lieferanten unterscheiden und benennen können. Als Bewerber mit ingenieurwissenschaftlichem Hintergrund brillieren Sie dann, wenn Sie die Einteilung der Systeme zusätzlich aus technologischer Sicht beurteilen können.

Abbildung 3 veranschaulicht die Unterschiede zwischen Systemen, Modulen, Komponenten und Teilen hinsichtlich des funktionalen und technischen Integrationsgrades in einem Pkw:

Systemlieferanten sind Zulieferer der ersten Ebene. Sie können dabei den OEMs einfache oder integrierte Systeme sowie ganze Pkw liefern. Ihre Aufgabe ist es, unterschiedliche Einzelsysteme und Module zusammen zu bauen.

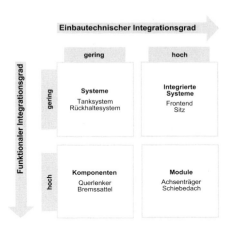

Abbildung 3: Begriffsabgrenzung nach technischem und funktionalem Integrationsgrad: System, Modul, Komponente und Teil

Zulieferer, die Module liefern, generieren diese aus anderen (kleineren) Modulen und Teilen.

Systeme sind Gebilde, die heterogene Technologien zu einem geschlossenen, und nach Möglichkeit autark funktionierenden Ganzen zusammenschließen. Mit der Bildung von Systemen schafft man es Komplexität zu reduzieren. Ein Fahrzeug kann in mindestens 25 Systeme eingeteilt werden. Das Wort »mindestens« bezieht sich darauf, dass dies nur die gröbste Betrachtungsweise ist und man ein Auto als ein Gebilde aus beispielsweise 30 Systemen betrachten kann. Ein Beispiel, um die Argumentation zu verdeutlichen: Man kann einen kompletten Innenraum vom Teppichboden über Sitze bis hin zum Cockpit und alle Innenverkleidungen inklusive Dachhimmel als ein System zusammenfassen. Jedoch kann man auch genauso das Cockpit als ein selbständiges System ansehen.

squeaker.net-Tipp

Falls Sie sich bei einem Lieferanten bewerben, sollten Sie sich mit den wichtigen Systemlösungen und Komponenten des Unternehmens beschäftigen. Informieren Sie sich auch über die Produkte der Großkunden Ihres künftigen Arbeitgebers. Eine Bewerberin erzählte uns, dass sie bei einem Bewerbungsgespräch bei der Firma Benteler nach dem Frontend der S-Klasse gefragt wurde.

Entsprechend bieten Systemlieferanten unterschiedliche Systeme an.

Den gleichen Sachverhalt verdeutlicht ein anderes Beispiel. Für Unternehmen A besteht das System Elektronik alleine aus der Klimaanlage, während Unternehmen B darunter das Heizsystem versteht. Daher unser Anliegen an Sie: Seien Sie sich bewusst, dass die Systemeinteilung nicht der Weisheit letzter Schluss ist, sondern vielmehr als Hilfestellung dienen soll. Ein Bewerber wurde mit einer solchen Systemeinteilung aufs Glatteis geführt und scheiterte, weil er die Unternehmen ThyssenKrupp und Magna nicht schlüssig vergleichen konnte. Beide Unternehmen stellen zwar u. a. Antriebs- und Chassis-Systeme her, sind aber von ihren technischen Eigenschaften her unterschiedlich.

Liste ausgewählter (System-) Lieferanten

Abschließend stellen wir Ihnen einige Systemlieferanten vor - wegen der oben genannten Gründe nicht in Systemklassen unterteilt:

Globale Systemlieferanten	Nationale Systemlieferanten
ArvinMeritor Autoliv Behr Bosch Continental Faurecia Johnson Controls Lear (Visteon) Magna Siemens VDO ThyssenKrupp TRW Valeo Visteon ZF Friedrichshafen	Bayer BASF Benteler Bertrandt Borg Warner Brose Freudenberg Hella INA/Luk Inoplast Karmann Kiekert Kolbenschmidt Pierburg Knorr-Bremse Mahle Rheinmetall Rieter Tenneco Wagon Webasto

Abbildung 4: Liste ausgewählter (System-)Lieferanten

Die Zeitschrift »Automobilproduktion« veröffentlicht in regelmäßig ein Ranking von Lieferanten. Auf der Website → www.automobil-produktion.de finden Sie weitere Unternehmen, bei denen Sie sich bewerben können.

3. Entwicklung der Branche und Konsequenzen für Bewerber

Der bereits in der Einleitung umrissene Strukturwandel wird sich weiter vollziehen und tief greifende Auswirkungen auf das bestehende Wertschöpfungssystem und vor allem auch auf die Beschäftigung haben. Dies klingt im ersten Augenblick dramatisch, ist jedoch mit der richtigen Strategie zu meistern.

Nach einer Studie der Unternehmensberatung Oliver Wyman und der Fraunhofer Gesellschaft wird die Wertschöpfung in der Automobilindustrie in den nächsten zehn Jahren um 2,6 Prozent wachsen. Jedoch werden sich die Anteile einzelner Akteure an der Wertschöpfung deutlich verschieben. Betrachtet man die Entwicklung der Stellen von 2000 bis 2015, so werden Jobs vor allem bei den Zulieferern des Tier 1 zu finden sein.

Der Anteil der Zulieferer wird bis zum Jahr 2015 um 70 Prozent steigen. Während der Wertschöpfungsanteil gemessen am Bruttoproduktionswert 2005 noch ungefähr gleich verteilt war, werden die Zulieferer im Jahr 2015 einen Anteil von 75 Prozent erreichen. Dies bedeutet, dass sich die Wertschöpfung überwiegend zugunsten der Zulieferer und Vorlieferanten verlagert. Grund dafür ist eine Übernahme und Verlagerung der Entwicklungs- und Produktionskompetenz. Während die heutige Fertigungstiefe der OEMs an einem Fahrzeug noch 35 Prozent beträgt, wird diese bis 2015 auf 23 Prozent sinken. Die Verlagerung an Zulieferer vollzieht sich vor allem in den Bereichen Karosserie, Blech, Lackierung und Fahrwerk.

Gerade im Modul der Karosserie und im Exterieur findet eine besonders starke Verschiebung der Wertschöpfung statt. Gemeint sind sämtliche Karosserieumfänge samt Außenhaut, Hauben, Klappen und Türen sowie sämtliche Anbauteile. Auch an der Fertigung und Montage dieser Komponenten werden sich die OEMs in Zukunft deutlich weniger beteiligen.

Deutliche Verschiebungen sind ebenfalls im Modul Fahrwerk zu erwarten. Zulieferer werden künftig komplette Lenk- und Fahrwerksysteme liefern.

Die Module Motor, Aggregate und Antriebsstrang hingegen sind nicht betroffen. Grund dafür ist der Ausbau der bereits begonnenen Plattformstrategie für Motoren. Gerade in diesem Modul liegen große Entwicklungsmöglichkeiten.

Innovative Fahrzeugkonzepte wie der Hybridantrieb stecken noch in den Kinderschuhen und werden in den nächsten Jahren zeigen, ob sie fähig für den Durchbruch sind. Weiterhin wird sich die Forschung auf den abgasgereinigten Dieselmotor konzentrieren, der heute schon sowohl aus ökonomischer wie auch ökologischer Sicht erhebliches Potenzial birgt.

In Sachen Elektrik und Elektronik werden die OEMs ihre Wertschöpfung deutlich ausbauen. Darunter fallen beispielsweise Assistenzsysteme, die die Fahrzeugsicherheit erhöhen oder die Telematik, die den Fahrer etwa über Staulängen informiert.

Grundsätzlich werden sich die OEMs künftig vor allem auf Modellpolitik und -pflege, also auf das Markenmanagement konzentrieren. In den Fokus rücken daher alle Komponenten des Autos, die das Design, das Markenerlebnis sowie Funktionen, Technologien und das Image fördern - darunter etwa das Modul Interieur. Wo der Kunde nach Individualität strebt, wird eine abgegrenzte und emotional bindende Marke immer wichtiger. Die Bevölkerungspyramide verändert sich außerdem zu einem Bevölkerungspilz - weil der Anteil älterer Menschen in den Industrienationen stetig steigt, müssen auch die Produkte den Bedürfnissen dieser Bevölkerungsgruppe angepasst werden. Auf den Bedarf an individuell gestalteten Lösungen reagieren die OEMs mit diversen Varianten ihrer Modelle. Ein Beispiel: Die C-Klasse von DaimlerChrysler ist mittlerweile in zahlreichen Varianten vom Kombi bis hin zum Cabrio erhältlich. Auch linienübergreifend findet eine deutliche Differenzierung statt. Erhältlich sind mittlerweile Limousinen, Kombis, Geländewagen, Cabrios, Vans und auch SUVs. Ein weiter Trend geht dahin, die unterschiedlichen Linien durch so genannte Cross-Over-Konzepte zu verbinden.

Weiterhin behalten die OEMs größtenteils solche Aufgaben, die der Produktion nachgelagert sind. Dazu gehören beispielsweise Vertrieb, Service und Kundenbetreuung, da diese auch wieder zur Differenzierung der Marken untereinander beitragen. Zum Vertrieb gehören beispielsweise der Hol- und Bring-Service, Zusatzprodukte oder die Finanzierung. Als Service zählen Dienstleistungen, wie Verkehrs- und Routenplanung oder auch die Fahrzeugvermietung. Die Aufgaben der Kundenbetreuung können sich etwa auf besondere Incentives, Fahrsicherheitstrainings oder andere Kundenbindungsprogramme erstrecken. Zusammengefasst werden diese Leistungen durch den Begriff »Downstream Services«.

Nachdem die einzelnen Veränderungen in den Wertschöpfungsstufen betrachtet wurden, stellt sich natürlich die Frage, auf welchen internationalen Märkten die Autobranche ins Rollen kommt. Grundsätzlich gehören China, Indien und Osteuropa zu den Regionen mit überdurchschnittlichem Wachstum.

Inzwischen wird jedoch Europa das Potenzial zur wichtigsten Automobilindustrie bescheinigt. Denn der chinesische Markt hat sich bislang nicht als die erwartete Goldgrube bestätigt. Der staatliche Einfluss bei Geschäftsmodellen, ein heftiger Preiswettbewerb, die instabile Energieversorgung, Überkapazitäten und nicht zuletzt »kulturelle Unterschiede« hindern den Markt am Durchbruch. Der Standort Europa bleibt vor allem attraktiv weil japanische OEMs neue Produktionsstätten und Entwicklungszentren in Osteuropa aufbauen. Dort entstehen auch Fabriken zur Herstellung neuer Komponenten- und Fahrzeugwerke der OEMs und ihrer nachziehenden Zulieferer. Die EU-Beitrittsländer bieten Lohnkostenvorteile, niedrige Steuersätze, flexible Arbeitszeiten und eine gute Infrastruktur. Ein Teil des Wertschöpfungszuwachses wird auch in Westeuropa realisiert, allerdings nur deshalb, weil die Verlagerung bestehender Stammwerke von Deutschland, Spanien, Frankreich oder England nach Osteuropa nicht von heute auf morgen machbar ist.

Die aufgezeigten Veränderungen in der Wertschöpfungskette gerade im Entwicklungs- und Fertigungsbereich wirken sich in höchstem Maße auf die Beschäftigung in der Branche aus.

Konsequenzen für Bewerber

In Deutschland werden bis zum Jahr 2010 rund 150.000 neue Jobs in der Zulieferindustrie entstehen, sofern sich die wirtschaftlichen und politischen Rahmenbedingungen für die Automobilproduktion, deren Absatz und die Beschäftigung nicht verschlechtern werden. Knapp 100.000 dieser geschätzten neuen Arbeitsplätze schaffen Systemlieferanten.

Ebenfalls im Wandel sind Anforderungen an zukünftige Nachwuchskräfte. Für den Einstieg benötigen Bewerber Know-how vor allem aus den Fachrichtungen

BWL, Maschinenbau und Fahrzeugtechnik. Darüber hinaus sollte ein Einstieg durch Praktika und Diplomarbeiten so früh wie möglich erfolgen.

> **squeaker.net-Tipp**
>
> *In den Erfahrungsberichten in Teil D wird noch einmal deutlich werden: Für den Einstieg kommt es auf Ihr Netzwerk an, welches Sie sich im Praktikum aufgebaut haben.*

»Die ökonomischen Fächer der Universitäten sind wenig geeignet für die Automobilindustrie«, behauptet in diesem Zusammenhang Dr. Ferdinand Dudenhöffer, Professor für Marketing an der Fachhochschule Gelsenkirchen und aus den Medien bekannter »Automobilpapst«. Selbst Führungskräfte der großen OEMs lassen sich zu solchen Statements verleiten. Seiner Ansicht nach fehlen bei einer universitären Ausbildung die Zusammenhänge von wichtigen Märkten oder konkrete Fallstudien von Unternehmen. Mit anderen Worten: Die akademische Ausbildung ist notwendig für den Einstieg, aber unzureichend für einen Aufstieg. Damit Ihre Bewerbung erfolgreich verläuft, haben wir in Teil B alle wichtigen Themen- und Wissensbereiche aufbereitet. Um Ihre weitere berufliche Laufbahn und damit den Aufstieg zu sichern, erwartet Sie im dritten Teil des Insider-Dossiers ein weiterer ausführlicher Wissensteil zur Vertiefung.

Denn die Bewerbung in der Automobilbranche ist kein Sprint, sondern ein Marathon. Die meisten Unternehmen suchen Mitarbeiter, die sich in der Praxis bereits bewiesen haben – beim Lösen von konkreten Fragestellungen und Problemen. Über Praktika und Diplomarbeiten identifizieren Unternehmen die für sie passenden High Potentials. Wer parallel zum Studium als (Auslands-) Praktikant schon eine gute Figur gemacht hat, hat später beste Chancen auf eine Festanstellung.

II. Der Blick ins Unternehmen

Bei der Betrachtung einzelner Jobprofile fällt auf, wie unterschiedlich Unternehmen ihre Bereiche vorstellen. Ein Vergleich der einzelnen Aufgaben und Anforderungen ist daher schwierig. Damit dieser trotzdem gelingt, nennen wir die einzelnen Bereiche und runden das Kapitel mit einem kurzen Jobprofil ab.

1. Konstruktion

Das Aufgabenfeld der Konstruktion umfasst die Neu- und Weiterentwicklung von Fahrzeugen. Die Konstruktion legt die gesamte technische Gestaltung jedes einzelnen Fahrzeugteils fest. Dabei müssen unterschiedlichste Vorgaben aus anderen Unternehmensbereichen berücksichtigt werden. An erster Stelle werden für jedes Fahrzeug bestimmte Eigenschaften festgelegt, die für die Konstruktion der einzelnen Fahrzeugteile entscheidend sind. Dies können Eigenschaften hinsichtlich Design, Sicherheit, Material etc. sein. Entscheidend für die Konstruktion sind die Herstellungskosten des gesamten Fahrzeuges. Das vorgeschriebene Budget darf nicht überschritten werden, da sich sonst eine Serie wirtschaftlich nicht rechnet. Oft schränkt nicht die technische Machbarkeit, sondern das Budget die Konstruktion einzelner Bauteile ein. Ebenfalls berücksichtigt werden muss die Qualität der zu verarbeitenden Rohstoffe. Gerade dort haben fast alle OEMs in den letzten Jahren am falschen Ende gespart - zugunsten geringerer Beschaffungskosten entstanden Qualitätsprobleme. Ebenfalls von Bedeutung sind gesetzliche Rahmenbedingungen der jeweiligen Länder, in denen das Fahrzeug zugelassen werden soll. Die jeweiligen Vorschriften können sich auf Punkte wie Umweltschutz (Flottenverbrauch, Geräusche, Abgase oder Recycling), auf den Schutz der Passagiere (Kopffreiheit, Sichtwinkel) oder auch Fußgänger beziehen. Die Konstruktion gewährleistet, dass die Fahrzeuge alle gewünschten Eigenschaften enthalten und einzelne Bauteile möglichst günstig gefertigt und zusammengebaut werden.

Computersimulationen übernehmen inzwischen bei fast allen Herstellern die eigentliche Konstruktion. Als erster Schritt wird zunächst ein virtueller Prototyp gebaut, der dann verschiedenste Entwicklungsstufen durchläuft. Schließlich werden fahrbereite Prototypen gebaut die sich im Labor, auf dem Testgelände oder auf einer Rennstrecke und teilweise in der Öffentlichkeit beweisen müssen. Auch der Zusammenbau der einzelnen Komponenten des Fahrzeuges wird hierbei erprobt. Die Ergebnisse aus all diesen Versuchen fließen in die nächste Fertigungsschleife bei der Konstruktion mit ein. Parallel zur Verbesserung und Optimierung der Bauteile für das Auto erfolgt auch die Konstruktion der dazugehörigen Werkzeuge.

Welche Anforderungen werden an Bewerber gestellt?

In der Konstruktion werden vor allem Ingenieure der Fachrichtungen Maschinenbau und Konstruktionstechnik gesucht. Ebenfalls Chancen haben Absolventen mit Schwerpunkten in Elektrotechnik, Fahrzeugtechnik und Mechatronik. Fundierte Kenntnisse in 2D und 3D-Systemen gelten als Voraussetzung. Die gängigsten Softwarelösungen sind ProE, CATIA, AutoCAD, Unigrahics, Solid-Programme und ME-10. Als persönliche Fähigkeiten sollten Ingenieure in der Konstruktion vor allem analytische Stärke, Abstraktionsvermögen, Teamfähigkeit und Flexibilität mitbringen. Gute Fremdsprachenkenntnisse werden aufgrund der internationalen Arbeitsteilung ebenfalls vorausgesetzt.

2. Forschung und Entwicklung

In diesem Bereich steht der technologische Fortschritt im Vordergrund. In enger Rücksprache mit der Konstruktion wird hier der Entwicklungsprozess von Fahrzeugen begleitet. Dieser Entwicklungsprozess erstreckt sich auf alle möglichen Teile des Fahrzeuges wie Fahrwerk, Karosserie, Antrieb, Elektronik, Akustik, Sicherheit, etc. Die Entwicklung erstreckt sich von der Ideenfindung über erste Konzepte bis hin zur Produkteinführung. Im Gegensatz zur Konstruktion stehen hier vor allem Versuche im Vordergrund. Zum Berufsprofil gehören die Planung, Durchführung und Bewertung von Innovationen. Gerade Ingenieure im Bereich der Forschung und Entwicklung sind maßgeblich an zukünftigen Trends beteiligt. Es wird aber nicht nur nach Innovationen gesucht, sondern auch die Optimierung und Modellpflege bestehender Fahrzeuge spielt eine Rolle.

Nach offiziellen Schätzungen gilt die Automobilindustrie in Europa als größter Investor im Bereich Forschung und Entwicklung. Somit wird schnell klar, wie wichtig dieser Bereich für die Zukunft des Unternehmens und der ganzen Branche ist. Zu den Forschungsfeldern der Zukunft gehören:

- Passive Sicherheit: Seitenaufprallschutz, Pre-Crash-Systeme, verbesserte Rückhaltsysteme
- Aktive Sicherheit: Kollisions- und Unfallwarnung, vollaktives Fahrwerk, vollautomatisches Parken

- Komfort: dynamische Routenführung, Traffic Management, Infotainment
- Umweltschutz: Zero-Emissionen, Ferndiagnosen, Hybridantriebe.

Welche Anforderungen werden an Bewerber gestellt?

Die Anforderungen an Bewerber variieren je nach Bauteil. Generell werden für diesen Bereich vor allem Absolventen der Fachrichtungen Maschinenbau, Mechatronik, Fahrzeugtechnik und Elektronik gesucht. Als persönliche Fähigkeiten sollten Bewerber Teamfähigkeit, Selbständigkeit, analytisches Denken, Kommunikationsfähigkeit und eine zielgerichtete Vorgehensweise mitbringen. Auch hier sind gute Fremdsprachenkenntnisse gefordert.

3. Produktion

Die Produktion setzt sich aus verschiedenen Unterabteilungen wie Gießerei, Presswerk, Roh- und Karosseriebau, Lackiererei, Montage und Qualitätskontrolle zusammen. Oftmals ist schon im Produktionsprozess festgelegt, welcher Kunde welches Fahrzeug später erhält. Es werden also während der Produktion genau die Komponenten eingebaut, die ein bestimmter Kunde bestellt hat. Mittlerweile entfällt der größte Teil der Wertschöpfung auf Systemlieferanten, da diese meist die Fahrzeugmodule fertigen und sie dann zur Endmontage an die OEMs liefern. Einige Komponenten werden unmittelbar in Werksnähe, andere sogar in anderen Ländern hergestellt. Da sehr strikte Rahmenterminpläne eingehalten werden müssen, kommt der logistischen Steuerung der Produktionsströme eine hohe Bedeutung zu. Das Konzept des »Just-in-Time« ist längst durch die Formel »Just-in-Sequence« abgelöst worden.

Zu den Aufgaben in der Produktion gehört die die Umsetzung, Kontrolle und Steuerung der Fertigungs- und Produktionsplanung sowie die Prozessoptimierung und –gestaltung.

Der Produktionsprozess erstreckt sich in der Regel räumlich über mehrere Ebenen, welche über eine Fördertechnik miteinander verbunden sind. Die Anlieferbereiche und die Komponentenfertigung befinden sich im Erdgeschoss und auch das Presswerk ist aufgrund der extrem schweren Maschinen ebenerdig aufgestellt. Über der ersten Ebene befindet sich die Hauptfertigungslinie, in der das Fahrzeug immer weiter vervollständigt wird.

Das Presswerk produziert die Blechteile für die spätere Karosserie. Angeliefert wird das Blech in riesigen Rollen (»Coils«), die dann je nach Bedarf geschnitten und in Form gepresst werden. Im Rohbau werden die einzelnen Teile aus dem Presswerk zur Rohkarosserie zusammengefügt. Die meisten Teile werden mit Hilfe von Robotern zusammengeschweißt. Sie können aber auch durch Nieten oder Kleben verbunden werden. In der Lackiererei wird der Rohbau zunächst mit Hilfe von verschiedenen Tauchbädern vor Korrosion geschützt, bevor er dann in der gewünschten Farbe lackiert wird. Die Montage baut sämtliche bisher fehlenden Teile des Fahrzeuges ein. Dies können der Motor, Getriebe, Achsen, Frontend usw. sein. Weiterhin wird das Fahrzeug komplett verkabelt und das Interieur (Teppiche, Verkleidungen, Cockpit, Sitze) sowie weitere Anbauteile wie Scheiben, Scheibenwischer, Leuchten etc. montiert.

Welche Anforderungen werden an Bewerber gestellt?

Bewerber mit einen Studium in den Fachrichtungen Maschinenbau, Produktions- oder Fertigungstechnik sowie Elektrotechnik sind in diesem Bereich besonders gefragt. Je nach Stellenausschreibung werden zusätzlich Absolventen mit Abschlüssen im Bereich Automatisierungs-, Kunststoff- oder Verfahrenstechnik gesucht. Darüber hinaus ist oft betriebswirtschaftliches Wissen gefragt. PC-Kenntnisse in den Bereichen ERP Systeme oder SAP R5 sind oftmals ebenfalls Bedingung. Auch hier sind gute Fremdsprachenkenntnisse von Vorteil. Als persönliche Eigenschaften sollten Bewerber über eine hohe soziale Kompetenz, Einsatzbereitschaft, Belastbarkeit und Flexibilität verfügen.

4. Qualitätsmanagement und -sicherung

Aufgabe in diesem Unternehmensbereich ist eine Qualitätsverbesserung der Prozesse, Produkte, Materialien und Services. Dies erstreckt sich zum einen auf bestehende und zum anderen auf zukünftige Projekte.

Dafür notwendig ist die kontinuierliche Analyse von Fertigungs- und Geschäftsprozessen sowie eingesetzter Materialien - auch bei den eventuell weltweit verteilten Lieferanten. Schwachstellen sind zu definieren, Korrektur- und Präventivmaßnahmen müssen entwickelt, umgesetzt und verfolgt werden. Die Optimierungsmaßnahmen können dabei zu umfangreichen Projekten entlang der gesamten Prozesskette führen, die dann maßgeblich vom Qualitätswesen gesteuert werden. Bei allen Aktivitäten erfolgt eine enge Zusammenarbeit mit den Abteilungen Forschung und Entwicklung, Konstruktion, Produktion und Einkauf. Berücksichtigt werden dabei unter anderem die Qualitätsansprüche der Kunden an das Produkt, die vorgegebenen Kosten und die Durchlaufzeiten in der Produktion.

Das Qualitätsmanagement erstellt für jedes Bauteil ein so genanntes Lastenheft, in welchem die einzelnen gesetzlichen, technischen und qualitativen Bedingungen dokumentiert werden. Dieses wird dann sowohl den Lieferanten als auch den anderen Unternehmensbereichen zur Verfügung gestellt und muss bei der Entstehung des Fahrzeuges eingehalten werden. Zusätzlich dazu sollen in umfangreichen Produkt- und Lieferanten-Audits Qualitätsstandards sichergestellt und eingehalten werden. Auch diese basieren auf Checklisten, die sich an Vorgaben, Normen und Gesetzen orientieren. Der Trend geht dahin, immer mehr Verantwortung durch ein Total Quality Management an Lieferanten zu übertragen, um so schon in der Entstehungsphase von Produkten für eine Fehlerquote nahe Null zu sorgen.

Welche Anforderungen werden an Bewerber gestellt?

Sowohl Ingenieure als auch Betriebswirte mit entsprechendem Studienschwerpunkt sind gefragt. Wichtig ist in erster Linie nicht die wissenschaftliche Ausbildung, sondern spezifisches Fachwissen, insbesondere Kenntnisse über die gängigen Qualitätsnormen und Instrumente zur Prozessverbesserung. Im Rahmen von EDV-Anwendungen wird vor allem ein sicherer Umgang mit SAP R5 gefordert. Gute englische Sprachkenntnisse sind auch in diesem Bereich notwendig. Als persönliche Eigenschaften sollte ein Bewerber vor allem Teamfähigkeit, sicheres Auftreten, Kommunikationsstärke und Durchsetzungsvermögen mitbringen.

5. Einkauf

Hauptaufgabe des Einkaufs ist eine termingenaue, kosten- und produktoptimale Beschaffung von Rohstoffen und Dienstleistungen für den gesamten Lebenszyklus einzelner Serien. Früher oft als Erbsenzähler belächelt, trägt heute der Einkauf als eine der wichtigsten Abteilungen zur Wettbewerbsfähigkeit der Unternehmen bei. Da die Materialkosten inzwischen bis zu 70 Prozent der jeweiligen Gesamtkosten ausmachen können, dürfen wichtige Einsparpotenziale nicht durch falsche Einkaufsstrategien vernichtet werden. Der immer stärker werdende Kostendruck bringt alle Unternehmen der Branche in Bedrängnis und erfordert eine Optimierung der Einkaufsprozesse. Die wichtigsten Aufgaben des Einkaufs sind Ausschreibungen, Lieferantenauswahl und –verhandlung, Vertragsgestaltung und die Überwachung der Auftragsabwicklung. Darüber hinaus beschäftigt sich der Einkauf ebenso mit der Erschließung und Bewertung von neuen Beschaffungsmärkten, der Entwicklung von Vergabestrategien (z.B. Internetauktionen) und dem Lieferantenmanagement.

Entscheidende Einsparpotenziale bietet dabei der globale Einkauf. Dazu sind jedoch detaillierte Kenntnisse über Märkte und Lieferanten erforderlich. Gerade so genannte »low cost countries« bergen hohe Gefahren hinsichtlich Verfügbarkeit, Qualität und Logistik. Bei falscher Auswahl des Lieferanten kann dies im schlimmsten Fall zu Lieferengpässen oder gravierenden Qualitätsproblemen führen. Die Beschaffung von Rohstoffen erfolgt in enger Abstimmung mit anderen Unternehmensbereichen und Lieferanten. Oft werden Teams von Einkäufern und Entwicklern gebildet, um gemeinsame Einkaufsprozesse zu planen und zu steuern.

Welche Anforderungen werden an Bewerber gestellt?

Für den Einkauf bewerben sich sowohl Ingenieure als auch Betriebswirte. Von Vorteil sind vor allem eine hohe technische Affinität, Kenntnisse im Qualitätsmanagement und Vertragsrecht. Da meist mit internationalen Lieferanten zusammengearbeitet wird, sind fließende Englischkenntnisse ein absolutes Muss. Als persönliche Fähigkeiten sollten Einkäufer Kommunikationsstärke, Verhandlungsgeschick, analytisches Verständnis und Durchsetzungsvermögen mitbringen.

6. Marketing und Vertrieb

Markenmanagement und die strategische Führung des Vertriebs gehören zu den Kernfähigkeiten von Automobilherstellern und tragen - wie der Einkauf - zur Wettbewerbsfähigkeit des Unternehmens bei. Während frühere Autos ohne Evaluierung der Kundenbedürfnisse produziert wurden, ist dies in Zeiten eines harten Wettkampfes um Marktanteile nicht mehr realistisch. Wer die Bedürfnisse seiner Zielgruppen nicht kennt, landet schnell im Abseits. Marketingspezialisten arbeiten mit allen Unternehmensbereichen zusammen und agieren dabei als Anwälte der Markt- und Kundenorientierung. Weitere Aufgabengebiete sind Marktforschung, Produkt- und Projektmanagement. Erfolgreiche Fahrzeuge können erst dann entwickelt werden, wenn die Kundenbedürfnisse entlang der ganzen Wertschöpfungskette bekannt sind. Diesen Zusammenhang müssen sowohl OEMs als auch Systemlieferanten berücksichtigen.

Zum Marketing gehört nicht nur die Ermittlung der Bedürfnisse, sondern auch die Kundenbindung. Hand in Hand mit dem Vertrieb sorgen beide Bereiche dafür, dass sich ein Vertrauensverhältnis zum Kunden aufbaut und sich dieser möglichst ein Leben lang mit der Marke identifiziert. Im Vertriebssystem sind Vertragshändler, Direktvertrieb (dazu gehören Niederlassungen und Key-Accounts) sowie Multibrand-Dealer zu unterscheiden. Auch das Vertriebssystem verändert sich stark. Hier sind die Stichworte E-Commerce und Aufhebung der Gruppenfreistellverordnung als Einflussfaktoren zu nennen. Dies führt zu steigenden Anforderungen an Mitarbeiter und erfordert eine sensible Arbeit am Kunden.

Welche Anforderungen werden an Bewerber gestellt?

Das Marketing wird vornehmlich von Betriebswirten dominiert. Angehende Marketingspezialisten brauchen vor allem Wissen bezüglich des Konsumentenverhaltens sowie Kenntnisse in Statistik, Marktforschung, Kommunikationswissenschaften und Psychologie. Als persönliche Fähigkeiten sollten Bewerber zudem Kommunikationsstärke, Organisationsfähigkeit und Stressresistenz mitbringen.

Im Vertrieb arbeiten Ingenieure und Betriebswirte gleichermaßen. Wichtig ist auch an dieser Stelle ein fundiertes technisches Wissen, gerade um Kunden die Raffinessen des Produktes näher zu bringen. Darüber hinaus sollten Bewerber über detaillierte Branchenkenntnisse verfügen. Fließende Englischkenntnisse sind auch hier von hoher Bedeutung. Das Anforderungsprofil wird durch Team- und Kommunikationsfähigkeit, Reisebereitschaft und Durchhaltevermögen abgerundet.

7. Logistik

Zu den Aufgaben der Logistik gehört die Planung und Steuerung der gesamten Material-, Waren- und Informationsflüsse der Unternehmen. Das betrifft nicht nur die Beschaffung, sondern auch die Produktion, den Absatz und die Entsorgung der Teile. Die Logistik ist das Bindeglied zwischen Lieferanten, Einkauf, Produktion, Versand und Kunden. Hauptaufgabe ist die Sicherung der Liefer- und Produktionsbereitschaft. Dies betrifft sowohl Ströme innerhalb des Unternehmens als auch externe Abläufe. Bedenkt man, dass ein Auto im Schnitt aus 10.000 Teilen besteht, von denen rund 70 Prozent eingekauft werden, dann wird schnell der Anspruch dieser Aufgabe klar. Organisatorisch sind Logistikstellen sowohl zentral als auch dezentral zu finden. Da Logistikkosten inzwischen zu den entscheidenden Größen zählen, kommt der Logistik bei der Sicherung des Unternehmenserfolges eine gesteigerte Bedeutung zu. Ebenfalls durch die voranschreitende Globalisierung und vor dem Hintergrund von »Just-in-Sequence«-Konzepten gewinnt die Logistik stark an Bedeutung und wird auch in Zukunft noch stärker auf einzelne Unternehmensbereiche einwirken. Aufgaben für die Logistik ergeben sich aber auch durch die Lagerung von Rohstoffen und fertigen Fahrzeugen. Zentrale Aufgabe der Logistik ist die Entwicklung und Umsetzung von maßgeschneiderten Konzepten für die Bewältigung der logistischen Prozesse.

Welche Anforderungen werden an Bewerber gestellt?

Der Bereich der Logistik steht sowohl Ingenieuren als auch Betriebswirten offen, da sowohl technische als auch betriebswirtschaftliche Fragestellungen gelöst werden müssen. Da die wissenschaftliche Ausbildung zweitrangig ist, werden vor allem einschlägige Studienschwerpunkte gefordert. Auch im Logistikbereich werden fundierte Kenntnisse in SAP R5 gebraucht. Dazu ist ein fließend gesprochenes Englisch sehr wichtig. Als persönliche Fähigkeiten sollten Bewerber Teamfähigkeit, Selbständigkeit, analytisches und konzeptionelles Denkvermögen sowie Kommunikationsstärke mitbringen.

8. Finanzmanagement

Mit der Planung und Verwendung der gesamten finanziellen Mittel beschäftigen sich unterschiedliche Abteilungen eines Unternehmens. Zu den Aufgaben des Finanzwesens gehören die Kapitalbeschaffung, die Finanzberichterstattung im Accounting und die Sicherstellung der Liquidität des Unternehmens. Das Treasury Management beschäftigt sich mit Währungskursanalysen und der Optimierung von Vermögenswerten. Wettbewerbsanalysen, Risikoabschätzungen und die Entwicklung von Unternehmensstrategien gehören zu den Aufgaben des strategischen Controllings oder Business Developments, Jahresabschlüsse verfasst die Abteilung Rechnungswesen. Auch die Finanzdienstleistungen haben in den letzten zehn Jahren enorm an Bedeutung gewonnen. Steigender Wettbewerb und sinkende Margen auf der Unternehmensseite sowie veränderte Kundenbedürfnisse auf der anderen Seite gehören zu den Ursachen. Bis Mitte der 90er Jahre war es tabu, in einem Verkaufsgespräch das Thema Finanzierung anzusprechen. Heute werden 80 Prozent aller Autos im Paket mit der Finanzierung gekauft, was viele OEMs dazu veranlasste eigene Kreditinstitute zu gründen.

Welche Anforderungen werden an Bewerber gestellt?

In diesem Unternehmensbereich sind vor allem Betriebswirte mit Studienschwerpunkten wie Finanzierung, Controlling oder Corporate Finance gefragt. Darüber hinaus sind Kenntnisse in den Bereichen strategische Planung, Statistik, Organisation und Steuerrecht von Vorteil. Fließendes Englisch ist in diesem Bereich ein absolutes Muss, da die meisten Unternehmen ihre Jahresabschlüsse sowohl in Englisch als auch in Deutsch veröffentlichen. Ein sicherer Umgang mit den Programmen Excel und Access ist ebenfalls Bedingung. Als persönliche Fähigkeiten sollten Bewerber ein ausgeprägtes Verständnis für Zahlen, eine analytische und strukturierte Vorgehensweise, Belastbarkeit, Teamfähigkeit und Flexibilität mitbringen.

9. Human Resources / Personalabteilung

Ehemals als Personalwesen bezeichnet und ausschließlich mit der Verwaltung der Angestellten beauftragt, sind in den vergangenen Jahren zusätzliche Aufgabenfelder entstanden. Dazu gehören die Planung, das Einstellen und der Einsatz von Personal, die soziale Betreuung und Gehaltsabrechnungen sind ein weiteres Feld. Mittlerweile konzipieren die Human Resources Fortbildungen für Mitarbeiter auf allen Ebenen. Das Entwickeln und Durchführen von Bewerbungsprozessen kommt hinzu - in enger Absprache mit der jeweiligen Fachabteilung werden etwa Bewerber zum Interview eingeladen. Die Personalabteilung verhandelt außerdem mit dem Betriebsrat und anderen internen Interessengruppen über die Belange der Arbeitnehmer.

Welche Anforderungen werden an Bewerber gestellt?

Gute Chancen haben vor allem Bewerber mit einem Hintergrund in BWL, Psychologie oder Jura. Betriebswirte sollten vor allem Schwerpunkte wie Personalwesen, Wirtschaftspädagogik, Wirtschafts- und Sozialpsychologie oder auch Organisation vorweisen können. Psychologen brauchen zumindest einen Schwerpunkt mit wirtschaftlichem Bezug. Juristen sollten vor allem über einen Schwerpunkt im Arbeitsrecht verfügen. Wissen zu den gängigen PC-Anwendungen und Fremdsprachenkenntnisse sind auch hier gefordert. Bewerber sollten eine hohe soziale Kompetenz, Kontaktfreudigkeit, Kommunikationsstärke und Teamfähigkeit vorweisen.

III. Der Einstieg in die Branche

Nachdem Sie nun einen guten Überblick über die Branche und ihre Aufgabenfelder bekommen haben, möchten wir Ihnen zeigen, wie Sie Ihren Einstieg planen können. Dazu greifen wir zunächst die drei wichtigsten Fragen in

Sachen Karriere auf. Danach zeigen wir Ihnen, wie Sie diese bei Ihrer eigenen Karriere berücksichtigen können.

1. Häufig gestellte Fragen

Wann macht der Einstieg Sinn? In welcher Position: Praktikum, Diplomarbeit oder Trainee?

Grundsätzlich gilt: So früh wie möglich. Spätestens im Hauptstudium sollten Sie ein Praktikum in der Automobilindustrie anstreben. Die meisten Stellen werden intern an ehemalige Diplomanden und Praktikanten vergeben. Und Diplomarbeiten an ehemalige Praktikanten. Auslandspraktika ergattern in der Regel ebenfalls ehemalige Praktikanten. Wer diesen Zusammenhang nicht berücksichtigt, verschläft wichtige Karrierechancen. Gerade von Einsteigern und Trainees wird erwartet, dass sie eine fundierte Vorstellung von ihrer Karriere mitbringen. Dies gilt sowohl für vergangene, als auch für zukünftige Aufgabenfelder. Um diese Anforderungen bewältigen zu können, brauchen Bewerber möglichst branchennahe Erfahrungen durch Praktika und ein entsprechendes Profil.

Wo soll ich einsteigen? Hersteller oder Systemlieferant?

Viele Bewerber sehen diese Frage als fundamental an und setzen sich damit unnötig unter Druck. Die meisten Bewerber nennen rein emotionale Gründe dafür, dass sie lieber zu den großen OEMs möchten, anstatt sich bei einem Zulieferer zu bewerben. Es scheint also mit mehr Prestige verbunden zu sein, bei einem hochkarätigen Hersteller zu arbeiten als bei einem ebenso angesehenen Lieferanten. Im Gespräch mit Experten wurde zusätzlich deutlich, dass dies eine rein theoretische Frage ist und auf Ihre späteren beruflichen Aufstiegschancen keine Auswirkungen hat. Die meisten Führungskräfte waren sowohl bei OEMs und Systemlieferanten und empfehlen, sich beides einmal angeschaut zu haben. Wo Sie starten, spielt letztendlich keine Rolle. Wichtiger ist es, dabei so früh wie möglich mit Praktika zu beginnen.

Direkteinstieg oder Trainee-Stelle?

Als Absolvent können Sie sich entweder für einen Direkteinstieg oder als Trainee bewerben. Die meisten OEMs und großen Zulieferer bieten beides an, wobei jährlich mehr Trainees als Direkteinsteiger direkt von der Uni eingestellt werden. Für welche Position Sie sich entscheiden, hängt letztlich von Ihren persönlichen Karriereplänen ab. Im Direkteinstieg arbeiten Sie von Anfang an in einer bestimmten Abteilung mit und sind für ein festes Aufgabenspektrum verantwortlich. Ihre Einarbeitung erfolgt meistens als »Training on the job« und Sie erhalten von Anfang an ein leistungsgerechtes Gehalt.

Im Gegensatz dazu durchlaufen Sie als Trainee in sechs bis 18 Monaten verschiedenste Stationen und lernen das Unternehmen so von Grund auf kennen. Da Sie in den einzelnen Abteilungen maximal zwei Monate bleiben, bietet sich oftmals keine Möglichkeit, Projekte eigenverantwortlich zu übernehmen. Parallel zu der Rotation in Abteilungen erhalten Trainees oftmals noch ein spezielles, auf Sie zugeschnittenes Coaching, welches zur

Consulting oder Automobilindustrie?

Ein Experte aus dem Controlling erklärt uns die Unterschiede zwischen Autoindustrie und Beratungsunternehmen:

»Bei PriceWaterhouseCoopers sind Sie mit den jungen Kollegen nach amerikanisch-britischer Art per Du. Sie profitieren von kurzen Drähten und einem lockeren, dennoch äußerst professionellen Umgang. Ihre Lernkurve wird steil nach oben gehen, weil Sie jeden Monat vor einer anderen Herausforderung stehen: Sei es die Kostenoptimierung eines regionalen Mittelständlers oder das Outsourcing für einen Global Player. Bei Daimler treffen Sie hingegen auf ein eher traditi-onelles, nach wie vor sehr deutsch geprägtes Unternehmen. Die Hierarchie ist klar gesteckt und Ihr Aufstieg hängt von Ihren Kontakten und der Einschätzung Ihres Chefs ab. Die interne Politik spielt eine wichtige Rolle. Aber: Sie treffen Entscheidungen, die etwas bewegen. Als Berater bleiben Sie - wie der Name schon sagt - in einer Vorschlagsfunktion. Nur selten werden Ihre Ideen so umgesetzt, wie Sie es sich ursprünglich gedacht haben.«

Weiterentwicklung der Persönlichkeit beitragen soll. Ziel der Rotation ist es, Sie auf zukünftige eigenverantwortliche Aufgaben vorzubereiten. Internationale Trainee-Programme bieten Ihnen darüber hinaus die Möglichkeit einige der einzelnen Stationen im Ausland zu absolvieren. Trainees verdienen gerade in der ersten Zeit deutlich weniger als Direkteinsteiger und der Einstieg ist oftmals durch ein Höchstalter begrenzt.

2. Die eigene Karriere planen

In diesem Kapitel möchten wir die vorangegangen FAQs vertiefen. Eine der wohl beliebtesten Fragen in Bewerbungsgesprächen lautet: »Wie stellen Sie sich Ihre Karriere vor? Welche beruflichen Ziele haben Sie?«. Damit der Ein- und Aufstieg gelingt, möchten wir Ihnen zeigen, wie Sie Ihre Karriere planen können.

In Ihrem Studium gibt es drei Bereiche, die Sie in Ihre Karriereplanung mit einbeziehen sollten.

die ersten 2 Jahre/Bachelor: Neigungen → Hauptstudium/Masters: Fähigkeiten → Diplomarbeit/Masters-These: Spezialisierung

Abbildung 5: Die drei Schritte der Karriereplanung

Die ersten zwei Jahre / Bachelor

Nutzen Sie schon während des Grundstudiums die Chance, Unternehmen kennen zu lernen. Informieren Sie sich über Hochschultage, bei denen sich Unternehmen auf Ihrem Campus präsentieren. Gerade für Bewerber ohne bisherige Erfahrungen im Automobilsektor bieten sich hier hervorragende Chancen, erste Kontakte zu knüpfen.

Wir empfehlen Ihnen, schon früh ein erstes Praktikum zu machen. Der Fachbereich ist dabei erst mal zweitrangig. Wichtiger ist es festzustellen, ob Ihnen die Industrie überhaupt zusagt und weitere Praktika für Sie interessant sind.

Hören Sie sich in Ihrem Umfeld um und fragen Sie bei Branchen-Insidern nach. Sie werden überrascht sein, wie bereitwillig manche über Ihren Alltag erzählen. Gerade wenn Sie das Aufgabenfeld interessiert, sollten Sie genauer nachfassen - oftmals ergeben sich dadurch auch Praktikumsplätze für Einsteiger.

Auch bei der Wahl Ihrer späteren Studienschwerpunkte können Praktika helfen. Sie lernen nämlich dabei nicht nur Ihre eigene, sondern auch verwandte Abteilungen und deren Mitarbeiter kennen. Fragen Sie Ihre Kollegen nach deren beruflicher Laufbahn aus. Vergleichen Sie diese mit den angebotenen Schwerpunkten. Welche Inhalte werden dort vermittelt? Finden Sie diese ebenfalls interessant?

Das Hauptstudium / Master

Im Idealfall wissen Sie zu Beginn des Hauptstudiums welche Fächer Sie vertiefen werden. Überlassen Sie diese Entscheidung nicht dem Zufall, sondern treffen Sie diese bewusst. Falsche Schwerpunkte sind zwar kein absolutes Ausschlusskriterium, können Sie aber in Ihrem Tempo bremsen.

Versuchen Sie, Ihre Schwerpunkte mit entsprechenden Praktika zu verbinden. Achten Sie darauf, auf jeden Fall eine Auslandsstation einzubauen. Entweder in Form eines Auslandssemesters oder eines Praktikums.

Halten Sie Kontakt mit Kollegen und Mitstreitern. Viele unterschätzen die Kraft eines Netzwerks. Viele der interessantesten Praktika, Diplomarbeitsstellen oder auch sonstigen Jobs werden »unter der Hand« vergeben. Hierzu können Sie auch direkte Kontakte ins Unternehmen herstellen, etwa durch Online-Plattformen wie Xing.com.

Diplomarbeit / Master-Abschlussarbeit

Je nach Studienschwerpunkt können Sie Ihre Diplomarbeit entweder an der Uni oder in einem Unternehmen schreiben. Beide Szenarien haben ihre Vorteile: An der Uni ist die Gefahr von Ablenkungen oder Zeitverzögerungen deutlich geringer. Sie werden wesentlich schneller ans Ziel kommen, da Sie sich auf Ihre Arbeit voll und ganz konzentrieren können. Im Unternehmen werden Sie oftmals auch in andere Projekte eingebunden sein, so dass wenig Zeit für Ihre Diplomarbeit bleiben wird. Dafür erhalten Sie aber weitere Einblicke in den Unternehmensalltag und erfahren aus erster Hand, welche Stellen zu besetzen sind.

Setzen Sie ihre Spezialisierung aus dem Hauptstudium fort und wählen Sie ein Thema, das zu Ihrem Lebenslauf passt. Gerade bei Berufseinsteigern ist die Diplomarbeit ein gern gefragtes Thema im Bewerbungsgespräch. Zwar verliert diese im Laufe Ihrer Karriere an Bedeutung, kann aber bei der Einstellung entscheidend sein.

Spätestens beim Abschluss Ihres Studiums sollten Sie sich im Klaren darüber sein, wohin Ihr Weg gehen soll.

B. Wie Sie Ihre PS auf die Straße bringen

In Teil A haben Sie die Branche, Einstiegsmöglichkeiten und einzelne Unternehmensbereiche kennen gelernt. In Teil B zeigen wir Ihnen, wo und wie Sie nach Stellen suchen können. Weitere Themen in diesem Abschnitt: Wie Sie Ihre Bewerbungsunterlagen erstellen, sich auf das Interview vorbereiten und das Auswahlverfahren bestehen. Teil C liefert das nötige fachliche Wissen.

Die erste Hürde im Bewerbungsprozess ist das Einsenden der persönlichen Unterlagen. Werden Sie zu einem Interview eingeladen, dann gilt es, im Auswahlverfahren zu überzeugen. Wir haben Personaler gefragt, warum viele Bewerber bei der ersten und zweiten Hürde scheitern – und Tipps erhalten, wie Sie es besser machen können.

I. Überzeugen Sie mit Ihrer Bewerbung

Planen Sie für Ihre Bewerbung bis zu drei Arbeitstage ein. Besonders zeitintensiv sind die Online-Bewerbungen auf den Unternehmensseiten, bei der Sie bis auf Ihre Dateianhänge keine standardisierten Antworten eintragen können.

Erfolgt eine Einladung zu einem Gespräch, kalkulieren Sie mit einer Vorbereitungszeit von einem halben Tag. Das Gleiche gilt auch für ein Telefoninterview. Falls Sie zum Assessment Center eingeladen werden, brauchen Sie bis zu zwei Tage um sich optimal vorzubereiten.

1. Auf der Suche nach Stellen

Damit Sie nicht die sprichwörtliche Nadel im Heuhaufen suchen müssen, finden Sie nachfolgend die gängigsten Suchmöglichkeiten für Ihre Traumstelle.

Tageszeitungen

Unternehmen inserieren vor allem in den Wochenendausgaben der größeren Zeitungen wie Süddeutsche Zeitung, FAZ, Die Zeit, Die Welt oder in der fachspezifischen Presse (z.B. VDI-Nachrichten). Darüber hinaus lohnt es sich mitunter, die lokalen Zeitungen in der Nähe der jeweiligen Unternehmen nach Inseraten zu durchsuchen. Generell werden dort Stellen für Absolventen und Young Professionals geschaltet. Praktikanten und Diplomanden werden nicht über Zeitungen gesucht.

Internetbörsen

Wir gehen davon aus, dass Sie die gängigsten Stellenbörsen wie Jobpilot, Monster, Jobware und Stepstone kennen. Sowohl Angebote für Studenten als auch Absolventen der Fachrichtungen Maschinenbau und BWL werden am häufigsten auf diesen Seiten veröffentlicht. Momentan gibt es keine reine Plattform für die Automobilbranche, die sowohl Jobs für Maschinenbauer als auch Wirtschaftswissenschaftler anbietet. Zusätzlich zu den oben genannten Websites empfehlen wir nachfolgende Stellenbörsen, die speziell auf Ingenieure oder BWLer ausgerichtet sind. Am besten suchen Sie in allen Datenbanken gleichzeitig. Um sich Ihre Suche zu vereinfachen, können Sie bei fast allen Stellenbörsen ein persönliches Suchprofil hinterlegen, welches Sie per E-Mail über neu eingestellte Angebote informiert. Dementsprechend zahlreich sind aber auch die Bewerbungen für die dort ausgeschriebenen Stellen.

> **squeaker.net-Tipp**
>
> *In Fachzeitschriften wie der Automobiltechnischen Zeitschrift, der Motortechnischen Zeitschrift, in »Autohaus« oder »Automobil Industrie« werden sehr selten Stellen ausgeschrieben. Dennoch sollten Sie diese bei Ihrer Suche nicht gänzlich außer Acht lassen. Einzelne Fachartikel können als Basis einer Initiativbewerbung für eine Diplom- oder Doktorarbeit dienen. Die meisten Fachartikel werden von Brancheninsidern geschrieben, die sich mit diesen Themen in ihrem Job auseinander setzen. Die Autoren sind häufig an einem Informationsaustausch interessiert. Es spricht also nichts dagegen, die Verfasser zu kontaktieren und zu fragen, ob die Abteilung Interesse an einer Diplom- oder Doktorarbeit zu diesem Thema hat.*

→ www.squeaker.net/sqn/index.php?index=904

→ www.karrierefuehrer-automobile.de

Zu der Zielgruppe gehören vor allem Studenten, Absolventen und Young Professionals von technischen Studiengängen wie Maschinenbau, Elektrotechnik, Ingenieurwesen, Informationstechnik und Elektronik. Jedoch werden auch vereinzelt Jobmöglichkeiten für Wirtschaftswissenschaftler veröffentlicht. Inseriert werden Absolventenstellen, Diplomarbeiten, Praktika und Ferienjobs. Die Plattform kooperiert mit squeaker.net und veröffentlicht Erfahrungsberichte von ehemaligen Mitarbeitern.

Darüber hinaus wird ein Karriereführer speziell für die Automobilindustrie herausgegeben, der Unternehmen die Möglichkeit bietet, sich durch Profile oder Company Tours vorzustellen. Ein regelmäßiger Newsletter informiert zeitnah über branchenspezifische Artikel.

→ www.technicaljobs.de

Obwohl das Angebot an offenen Stellen und Praktika sehr begrenzt ist, bietet diese Seite vor allem Informationen über Hochschulen, Bewerbungsstrategien, Hinweise zu Arbeitsverträgen und Tipps rund um die Themen Qualifikation, Gehalt und Weiterbildung.

→ www.ingenieurweb.de

Zielgruppe dieses Portals sind vor allem Ingenieure. Jobs im Maschinen- und Anlagenbau, der elektronischen Industrie und bei technischen Dienstleistern werden hier angeboten. Über 3.000 Unternehmen sollen in der Datenbank vertreten sein, wobei der überwiegende Teil aus der Fertigungsindustrie kommt.

→ www.ingenieurkarriere.de

Diese Seite wird vom Verband der deutschen Ingenieure (VDI) betrieben und bietet neben einer umfassenden Stellenbörse auch zahlreiche Bewerbungstipps. Ziel des Karriereportals ist es, Ingenieure sowie technische Fach- und Führungskräfte in jedem Stadium ihrer beruflichen Entwicklung und Karriere zu begleiten. Dies geschieht mit aktuellen Informationen u. a. zu den Themen Schlüsselqualifikationen, Branchenprofile, Checklisten und Stellenmarktanalysen. Darüber hinaus unterstützt der VDI seine Mitglieder durch

Trainings und Coachings. Auch hier wird ein regelmäßiger Newsletter mit Brancheninformationen angeboten.

Ein großer Online-Stellenmarkt bietet Unternehmen die Möglichkeit, Inserate aufzugeben oder sich im Rahmen von Firmenpräsentationen darzustellen. Angeboten werden Stellen für Praktikanten, Absolventen und Young Professionals. Bewerber haben die Möglichkeit, sich in eine kostenlose Datenbank einzutragen.

→ www.automotive-job.net

Die Seiten von Automotive-Job.net bieten einen sehr kleinen Stellenmarkt im Netz, der sich vor allem auf Ingenieure mit einschlägiger Berufserfahrung spezialisiert hat. Bewerber können auch hier ihren Lebenslauf hinterlegen oder Stellengesuche inserieren. Unternehmen haben die Möglichkeit, sich als Hersteller von bestimmten Baugruppen und -systemen registrieren und direkt auf ihre Jobpage verlinken zu lassen. Ebenfalls wird ein Newsletter mit Informationen über die Branche angeboten.

squeaker.net-Tipp

Verlassen Sie sich nicht zu 100 Prozent auf den Suchagenten der einzelnen Seiten. Erfahrungen zeigen, dass manche Anzeigen durch die Suchfunktion nicht erfasst werden. Nehmen Sie sich daher die Zeit, einmal in der Woche die Plattformen »manuell« zu durchforsten.

→ http://ingenieure.stellenanzeigen.de

Auf diesen Seiten werden größtenteils Stellen für Young Professionals im Ingenieurs- und Technikerbereich angeboten. Teilweise finden sich auch interessante Praktikumsangebote.

Webseiten der Unternehmen

Nicht alle Unternehmen nutzen den Service einer Stellenbörse. Daher empfiehlt sich unbedingt die Suche auf den eigenen Webseiten der Unternehmen. Einige Firmen vergeben gerade Diplomarbeiten nur aufgrund einer gezielten Initiativbewerbung.

> **squeaker.net-Tipp**
>
> *Surfen Sie während Ihres Praktikums im Intranet und informieren Sie sich über Beschäftigungsmöglichkeiten. Oftmals werden Stellen zuerst im Intranet veröffentlicht, bevor sie in die externe Ausschreibung gelangen. Die technischen Abteilungen in Automobilunternehmen haben oft ihre eigenen Homepages innerhalb des Intranets. Dort informieren sie andere Abteilungen über die aktuellen Entwicklungen. Nutzen Sie diese Chance, um detaillierte Einblicke in Abteilungen zu erhalten und erste Kontakte zu knüpfen.*

Netzwerke

→ www.access.de

Das Netzwerk von Access ist vor allem durch seine Workshops bekannt. Darüber hinaus bietet Access Unternehmensprofile, Austauschmöglichkeiten mit anderen Interessierten, Hinweise und Tipps rund um das Thema Karriere und Stellenanzeigen von Stepstone.

→ www.squeaker.net

Das Online-Netzwerk positioniert sich als qualitativ führende Karriere-Community, in der sich Studenten und junge Berufstätige über Karrierethemen austauschen. Auf den Seiten besteht die Möglichkeit, Experten- und Insiderwissen durch Erfahrungsberichte abzurufen, sowie interessante Kontakte und Jobs zu finden.

→ www.hobsons.de

Auf den Seiten von Hobsons finden Bewerber Informationen zu über 300 Arbeitgebern, zahlreiche Einstiegsmöglichkeiten und Jobprofile. Darüber hinaus erhalten Sie Tipps zu den Themen Studium, Auslandsaufenthalt, Karriereplanung und Bewerbung. Ebenfalls bietet die Seite einen Eventkalender.

> **squeaker.net-Tipp**
>
> *Unterschätzen Sie nicht die Bedeutung von Karrierenetzwerken. Wichtiger Bestandteil der persönlichen Karriereplanung sind Kontakte - sowohl zu Unternehmen als auch zu Mitstreitern. Gerade durch gute Kontakte besteht die Möglichkeit, an die ein oder andere begehrte Stelle ohne lästiges Bewerbungsverfahren zu kommen (s.a. »Persönliches Umfeld«).*

Messen

Die Bedeutung von Fachmessen und Ausstellungen hat in den letzten Jahren stark zugenommen. Hier können Sie sich in kurzer Zeit einen Überblick über die Unternehmen verschaffen und direkt mit Personalern ins Gespräch kommen. Nachfolgende Messen sind für die Automobilbranche besonders interessant:

→ www.iaa.de

Obwohl es auf der IAA vordergründig um die Präsentation der aktuellen Modellpalette geht, können sich Bewerber aller Studienrichtungen über Einstiegmöglichkeiten bei den Unternehmen informieren und erste Kontakte zum Unternehmen knüpfen. Sie werden auf keiner anderen Messe so viele Unternehmen auf einen Schlag antreffen und »beschnuppern« können.

→ www.careers4engineers.de

Die careers4engineers bietet gerade für Ingenieure eine ideale Gelegenheit, mit potenziellen Arbeitgebern ins Gespräch zu kommen und sich über Unternehmen zu informieren. An dieser Messe nehmen jedes Jahr namhafte Automobilhersteller, Zulieferer und Engineering Dienstleister teil.

→ www.absolventenkongress.de

Als eine der größten Jobmessen in Europa bietet der Absolventenkongress Jobs, Trainee-Stellen und Praktika bei über 250 Unternehmen. Insgesamt sollen jedes Jahr etwa 15.000 freie Stellen von den Unternehmen mitgebracht werden. Expertenrunden, Präsentationen sowie Vorträge runden das Angebot ab.

> **squeaker.net-Tipp**
>
> *Mit der richtigen Vorbereitung eignen sich Messen hervorragend als Sprungbrett in den Traumjob. Wer sich jedoch »nur mal umgucken« will, ist fehl am Platz. Damit Sie Personaler von sich überzeugen können, brauchen Sie nicht nur eine aktuelle Bewerbungsmappe, sondern auch eine auf jedes Unternehmen abgestimmte Strategie. So können Sie im Gespräch am Stand Ihre Kenntnisse über das Unternehmen und sich selbst gut verkaufen. Bereiten Sie Ihre Bewerbungsunterlagen für die jeweiligen Messen vor, so dass Sie diese nur noch abgeben müssen.*

→ www.career-express.de

Der Career Express verbindet Unternehmensvorstellungen mit einem Besuch auf der IAA. Eine Teilnahme setzt im Vorfeld eine Bewerbung voraus. Während der Fahrt präsentieren Personaler ihr Unternehmen und stehen bereits für erste Vorstellungsgespräche und Karriereberatungen zur Verfügung.

Studenteninitiativen

→ www.bonding.de

Diese Studenteninitiative bietet Firmenkontaktmessen, Seminare und eine Jobbörse über ihre Webseite an.

Die Messen von Bonding bieten ebenfalls gute Chancen, Unternehmen näher kennen zu lernen und sich über die Einstiegschancen zu informieren. Im Gegensatz zu den großen Messen (IAA und Absolventenkongress) ist die Atmosphäre lockerer und recht persönlich gehalten. Bonding bietet für seine Mitglieder regelmäßig Fahrten zur IAA und anderen Messen an.

> **squeaker.net-Tipp**
>
> *Studenteninitiativen ermöglichen eine Bewerbung vor allem über Alumni und Firmenkontaktgespräche und bieten damit einen exklusiven Zugang zum Unternehmen. Darüber hinaus lassen sich Unternehmen persönlich kennen lernen und schon im Vorfeld kann man von der eigenen Person überzeugen.*

→ www.aiesec.de

Aiesec ist die weltweit größte Studentenorganisation und bietet ihren Mitgliedern eine Plattform zum Austausch mit Unternehmen. Darüber hinaus organisiert Aiesec regelmäßig Firmenkontakttage, auf denen je nach Standort und Ausrichtung der Hochschule Automobilunternehmen vertreten sind.

→ http://microsites.vdi-online.de

Der Verband der Ingenieure bietet gerade jungen Mitgliedern die Möglichkeit, sich mit gleich gesinnten Studenten über Themen im technischen und wirtschaftlichen Bereich auszutauschen. Der Verein organisiert den größten Teil seiner Projekte selbst. Dies können Fachtagungen, Ausflüge oder auch Projekte mit Unternehmen sein. In erster Linie steht dabei die gemeinsame

Leidenschaft für das eigene Studienfach im Vordergrund. Dabei ergeben sich häufig Gedankenaustausch und Kontakte mit Unternehmen.

Persönliches Umfeld

Erkundigen Sie sich bei Ihren Freunden, Eltern und Professoren nach möglichen Bewerbungschancen. Oft haben Freunde bereits Erfahrungen im gewünschten Bereich gemacht und können bei der Bewerbung helfen. Professoren kennen meistens Ansprechpartner in den Unternehmen und können Sie weiter vermitteln. Oft werden Professoren sogar dazu angehalten, nach interessanten Bewerbern Ausschau zu halten.

> **squeaker.net-Tipp**
>
> *Oft werden durch »Vitamin B« Stellen vergeben, die nie in eine öffentliche Ausschreibung gelangen. Gerade die Nachfolge von Praktikantenstellen geschieht auf diese Art und Weise. Falls sich Ihnen solche Möglichkeiten bieten, sollten Sie die Chancen unbedingt nutzen. Denken Sie auch an Communities wie Xing, LinkedIn oder squeaker.net.*

2. Erstellung Ihrer Bewerbungsunterlagen

Wie Sie eine überzeugende Bewerbung schreiben, erfahren Sie in diesem Kapitel. Schrittweise erläutern wir hier den Aufbau und geben Tipps, wie Sie sich am besten verkaufen können.

Ihr Lebenslauf

Entsprechen die Unterlagen nicht den formalen Anforderungen oder sind sie unübersichtlich präsentiert, wird man aussortiert und erhält eine Absage.

Einer der wichtigsten Faktoren für eine erfolgreiche Bewerbung ist unter anderem der Lebenslauf. Verschenken Sie Ihre Chance und die Zeit der Personaler nicht durch mangelnde Lesefreundlichkeit, Rechtschreibfehler oder schlechte Formatierung. Heben Sie sich von der Masse ab und überlassen Sie anderen diese Fehler.

Betrachten Sie Ihren Lebenslauf als persönliche Visitenkarte, die von Personalern als Ihre erste Arbeitsprobe gesehen wird. Personaler bewerten vor allem nach den Kriterien des vorliegenden Stellenprofils, der Chronologie ihrer Erfahrungen und achten auf Ihre persönliche Entwicklung. Sie erkennen aus Lebensläufen sehr schnell, ob jemand eher plan- und wahllos oder strukturiert und bewusst seine Karriere verfolgt hat. In erster Linie wird überprüft, ob das Anforderungsprofil der Stelle zu Ihnen und Ihren bisherigen beruflichen Erfahrungen passt. Je mehr Zeit Sie also in Ihre Unterlagen und insbesondere in den Lebenslauf investieren, desto höher ist die Chance eingeladen zu werden, und umso besser sind Sie auf Ihre Bewerbungsgespräche vorbereitet. Damit Sie eine optimale Lesefreundlichkeit erreichen, empfiehlt es sich bei der Erstellung des Lebenslaufes nachfolgende Punkte zu berücksichtigen.

Was in den Lebenslauf gehört

1. Foto: Wir empfehlen, Ihr Foto auf einem separaten Deckblatt statt im Lebenslauf zu positionieren. Beachten Sie dabei, dass das Format für das Foto im Lebenslauf bei 4,5 mal 6 cm und für das Deckblatt 5,5 mal 7,5 cm entsprechen sollte. Unterschätzen Sie nicht die Wichtigkeit Ihres Fotos, gerade wenn Sie sich auf eine Stelle mit Kundenkontakt und repräsentativen Tätigkeiten bewerben. Es versteht sich von selbst, dass Bewerbungsfotos bei professionellen Fotografen gemacht werden sollten und private Bilder oder die aus Automaten nicht geeignet sind. Beachten Sie auch, dass die Bilder maximal nicht älter als ein Jahr sind. Lassen Sie sich Ihre Bilder gleich auf einer Foto-CD mitgeben und verwenden Sie unter gar keinen Umständen eingescannte Papierbilder. In Ihrem Dokument mag die Qualität des Bildes ja noch ausreichend sein, aber als Ausdruck wirkt das Bild dann sehr schnell körnig und höchst unprofessionell. Heften Sie Ihr Bild nicht mit Büroklammern fest, denn die Gefahr, dass Ihr Bild im Bewerbungsstapel verloren geht, ist zu groß. Am besten beschrif-

> **squeaker.net-Tipp**
>
> *Erstellen Sie eine Excel-Datei, in der Sie alle für Sie interessanten Angebote auflisten. Notieren Sie das Erscheinungsdatum, Unternehmen, Stellenbezeichnung, Art und Weise Ihrer Bewerbung und wann Sie Ihre Daten losgeschickt haben. So haben Sie all Ihre Bewerbungen im Blick und können etwa bei langen Bearbeitungszeiten nachfragen.*

ten Sie die Rückseite mit Ihrem Namen und kleben es dann mit flüssigem Kleber fest.

Hinweis: Oben Geschriebenes gilt für Bewerbungen in Deutschland. In den USA oder England sieht es meist anderes aus. Internationale Unternehmen fordern verstärkt Lebensläufe in Englisch an. Streng genommen ist es gerade bei englischen Lebensläufen nicht üblich, ein Foto beizulegen. Ursache dafür ist die Gefahr einer möglichen Diskriminierung aufgrund der Hautfarbe. Einige Unternehmen in Deutschland haben angefangen, diese Praxis zu übernehmen. Falls Sie gebeten werden Ihren Lebenslauf in Englisch einzureichen, sollten Sie im Vorfeld besser nachfragen, wie das Unternehmen diese Frage handhabt.

2. Persönliche Daten: Dazu gehören Vor- und Nachname, Anschrift, Telefon, Geburtsdatum und -ort und ggf. die Staatsangehörigkeit. Sehr hartnäckig hält sich nach wie vor die Empfehlung, Name und Berufe der Eltern im Lebenslauf unterzubringen, um so mit seiner Familie und Erziehung punkten zu können. Während Personaler vor einigen Jahren noch sehr viel Wert auf die Kinderstube gelegt haben, hat dieser Faktor stark an Bedeutung verloren und kann Ihnen sogar unter Umständen negativ ausgelegt werden. Wir raten klar davon ab!

3. Schulbildung: Hier reicht es völlig aus, die Schule zu nennen, an der Sie das Abitur gemacht haben. Falls Sie während Ihrer Schulzeit bspw. einige Zeit im Rahmen eines Schüleraustausches im Ausland verbracht haben, können Sie dies durchaus in Bewerbungen für ein Praktikum erwähnen. Verzichten Sie aber unbedingt auf Ihre Zeit in der Grundschule.

(4. Ausbildung): Falls Sie vor Ihrem Studium eine Ausbildung absolviert haben, gehört diese natürlich unbedingt in den Lebenslauf.

5. Studium: An dieser Stelle geht es vor allem darum, Ihre Schwerpunkte zu nennen. Falls Sie ein Semester im Ausland absolviert haben, gehört es ebenfalls in den Lebenslauf. Führen Sie ggf. auf, welche Vorlesungen Sie dort besucht haben. Ebenfalls erwähnenswert sind das Thema Ihrer Diplomarbeit und sonstige Aktivitäten, die einen Bezug zur Universität haben und Ihr Gesamtbild abrunden.

6. Berufliche Tätigkeiten und Praktika: Oft unterscheiden Unternehmen zwischen beruflichen Tätigkeiten, wie bspw. einem Nebenjob oder Praktika. Praktika werden in der Regel nicht zur Berufserfahrung gezählt. Allerdings sollten Sie näher darauf eingehen, wenn sich das Praktikum auf den jetzt angestrebten Job bezieht. Falls es sich um freiwillige Praktika handelt, machen Sie dies besonders deutlich. Leistungen, die über das Mindestmaß hinausgehen, verstärken Ihren positiven Eindruck.

7. Sonstiges: Dazu gehören Wehr- oder Zivildienst. Gerade bei Studenten bedeutet dies schon eine erste Berufserfahrung. Es ist durchaus legitim mit ein paar Stichworten auf Ihre Aufgaben einzugehen. Falls Sie eine Weiterbildung absolviert haben, die im Zusammenhang mit der Stelle steht, führen Sie diese ebenfalls auf.

8. Ehrenamtliches Engagement: Falls Sie sich während Ihrer Studienzeit in Initiativen, Vereinen oder im sozialen Bereich engagiert haben, nennen Sie diese Stationen unbedingt.

9. Persönliche Fähigkeiten: Unter diesen Punkt fallen Sprachen, Computerkenntnisse, Hobbys und Führerscheinklasse. Listen Sie nur die Dinge auf, die für Sie wichtig sind und Interesse wecken. Hobbys wie Lesen, Sport und Reisen sind zu allgemein.

Die Struktur

Sie haben zwei Möglichkeiten, Ihren Lebenslauf chronologisch aufzubauen. Bei der franko-amerikanischen Variante nennen Sie in der jeweiligen Kategorie die aktuellste Position zuerst (z.B. Ihr letztes Praktikum) und listen dann darunter die vergangenen Stationen auf. Im Gegensatz dazu fangen Sie in der deutschen Version mit der Schule an und enden absteigend mit Ihrer zuletzt ausgeübten Tätigkeit. Mittlerweile hat sich die amerikanische Struktur durchgesetzt. Personaler sehen so Ihre aktuelle Beschäftigung und müssen sich nicht erst durch Ihre Vergangenheit arbeiten. Wie im Journalismus gilt: Das Wichtigste steht am Anfang.

Eine optimale Lesefreundlichkeit erhalten Sie, wenn Sie Ihre einzelnen Punkte nach dem Prinzip »Wann–Wo–Was« aufbauen.

Wenn Sie bedenken, dass Personaler pro Bewerbung etwa 90 Sekunden aufwenden, zählt jede einzelne Sekunde. Je übersichtlicher Sie Ihren Lebenslauf gestalten, desto höher ist die Chance, dass der Personaler Ihr Profil mit dem der Stelle abgleichen kann und Sie zu einem Gespräch einladen wird.

Lebensläufe sollten maximal zwei Seiten lang sein. Am besten jedoch nur eine Seite, gerade dann, wenn Sie noch im Studium sind. Es wirkt schnell unglaubwürdig, wenn Sie zwei Praktika und einen Auslandsaufenthalt auf zwei Seiten strecken. Verzichten Sie auf Stationen, die sich als Lückenfüller identifizieren lassen und mit der eigentlichen Stelle nichts gemeinsam haben. Als Schriftart benutzen Sie am besten Arial, Times New Roman oder Verdana (entspricht beim Mac etwa der Schriftart Helvetica) und nehmen als Größe entweder 10 oder 12 Punkte. Kleinere Schriftarten sind wegen ihrer schlechten Lesbarkeit nicht zu empfehlen. Falls Sie mit dem Platz nicht hinkommen, beschränken Sie sich auf das Nötigste oder ändern Sie, falls noch nicht gemacht, die Schrift in Times New Roman. Bei dieser ist der Abstand zwischen den einzelnen Buchstaben am geringsten. Machen Sie einzelne Überschriften fett, damit Ihre Stationen prägnant erkennbar sind.

> **squeaker.net-Tipp**
>
> *Machen Sie nicht den Fehler, sich mit fremden Federn zu schmücken. Verkaufen Sie Ihre Schnappschüsse aus dem Urlaub nicht als »Fotografie«. Wenn Sie nun im Interview Fragen zur Dunkelkammer beantworten sollen, kann es schnell unangenehm werden.*

Der inhaltliche Aufbau

Neben formalen Kriterien ist auch der inhaltliche Aufbau des Lebenslaufes entscheidend. Für Lücken im Lebenslauf haben Personaler ein geschultes Auge - gemeint sind dabei Zeiträume, die sich über ein halbes Jahr hinaus erstrecken. Gerade im Vorstellungsgespräch sprechen Personaler gerne diese Lücken an und möchten in erster Linie Ihre Stressresistenz prüfen. Falls Sie solche Lücken in Ihrem Lebenslauf haben, überlegen Sie sich überzeugende Erklärungen und testen Sie Ihre Glaubwürdigkeit im Gespräch mit Freunden. Geben sie niemals unwahre Tätigkeiten an.

> *»Überlegen Sie sich im Vorfeld des Bewerbungsgesprächs, welche Motivation Sie für die ausgeschriebene Stelle mitbringen. Dazu ist es hilfreich, sich folgende Fragen zu stellen: Wieso will ich diese Stelle haben? Wie und wohin möchte ich mich nach meinem Berufseinstieg entwickeln? Was für Stärken kann ich einbringen, sowohl fachlich als auch persönlich? Was sind fachliche und persönliche Bereiche, in denen ich noch Lernfelder habe?«*
>
> *Katia Seubert, Personalreferentin bei Mahle*

Bei der Analyse der persönlichen Entwicklung werden vor allem Ihre bisherigen beruflichen Stationen reflektiert. Waren Sie eher bei unbekannten Unternehmen oder Global Playern? In welchem Bereich waren Sie tätig und welche Aufgaben haben Sie dort übernommen? Waren Ihre beruflichen Stationen eher wahllose und einzelne Schlaglichter in unterschiedlichen Bereichen, oder beziehen sich Ihre Stationen aufeinander und wirkt Ihre berufliche Entwicklung zusammenhängend und geplant? Personaler untersuchen, ob eine Lebens- und Laufbahnplanung erkennbar ist. Dabei wird keine Karriereplanung im kleinsten Detail gefordert, sondern es gilt zu zeigen, dass man eine Richtung hat. Denn um in der Automobilbranche Fuß zu fassen, sollten Sie unbedingt berufliche Erfahrung in der Industrie vorweisen können. Wenn Sie sich vorher ausschließlich für Konsumgüter interessiert haben, kann es schwierig werden zu argumentieren, warum ausgerechnet Sie in die Branche passen.

Gerade bei Absolventen und später auch Young Professionals wird erwartet, dass sich eine gewisse Stringenz durch den Lebenslauf zieht. Dies gilt vor allem dann, wenn Sie sich für das Management bewerben.

Um Ihre bisherigen beruflichen Stationen optimal zu präsentieren, nutzen Sie nachfolgende Tabelle und beschreiben dort in knappen Stichworten Ihre bisherigen Aufgaben, wie sie auch in Ihren Zeugnissen stehen. Es kann durchaus sein, dass Personaler dies nachprüfen. Sie wirken schnell unglaubwürdig, wenn Ihre Schilderungen nicht mit den Tatsachen übereinstimmen. Sortieren Sie diese Aufgaben der Wichtigkeit nach, d.h. Ihre Hauptaufgabe kommt zuerst, dann folgen die anderen. Passen Sie später unbedingt Ihren Lebenslauf an Ihre Wunschstelle an. Falls dort Aufgaben gefordert werden, die Sie bereits im Rahmen vorheriger Stellen übertragen bekommen haben, stellen Sie diese besonders heraus und nennen Sie diese auch im Anschreiben.

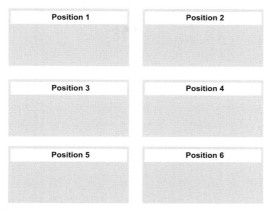

Abbildung 6: Fähigkeiten und Anforderungen angleichen

Achten Sie darauf, dass jede Berufsstation auf die vorige aufbaut: Kann man von Position 1 auf Position 2 schließen? Macht Position 3 in Bezug auf Position 2 Sinn? Der Personaler wird diese Abfolge mit hoher Wahrscheinlichkeit nachfragen.

Übertragen Sie die Stichworte in Ihren Lebenslauf und lassen Sie ihn unbedingt von Freunden gegenlesen. Bitten Sie Ihre Freunde, ihn aus der oben beschriebenen Sicht des Personales auf Chronologie und persönliche Entwicklung zu überprüfen.

Lebenslauf	
Aufbau	☐
Inhalt	☐
Format	☐
Rechtschreibung	☐

Abbildung 7: Checkbox Lebenslauf

Die Dritte Seite

Da der Lebenslauf im Grunde genommen lediglich die beruflichen Fakten aufzählt, entscheiden sich Bewerber immer mehr für eine so genannte »Dritte Seite«. Diese ist optional und bietet weitere wichtige Informationen zur Person. Weiterhin haben Sie die Möglichkeit, nochmals gesondert auf herausragende Leistungen hinzuweisen. Dadurch haben Sie die Chance, sich von Mitbewerbern abzuheben und mehr über Sie als Person zu erzählen. Machen Sie damit Personaler und zukünftige Chefs neugierig auf Sie, und wecken Sie den Wunsch, Sie unbedingt kennen lernen zu wollen.

Da die Dritte Seite keinen formalen Kriterien unterliegt und je nach Fähigkeiten unterschiedlich ausfallen kann, fällt es Bewerbern oftmals schwer, diese authentisch und vor allem interessant zu gestalten. Dazu kommt, dass die Identifikation eigener Stärken und die damit verbundenen herausragenden Leistungen vielen nicht leicht fällt. Personaler erklärten uns, dass diese Seite häufig sehr gestelzt und unsouverän wirkt und nicht selten eher abschreckt.

Achten Sie deshalb darauf, dass die von Ihnen präsentieren Fähigkeiten mit denen der Stelle übereinstimmen und übertreiben Sie nicht. Superlative wirken unprofessionell und können als ein übersteigertes Geltungsbedürfnis aufgefasst werden. Nehmen Sie sich die Zeit, Ihre bisherige persönliche und berufliche Entwicklung zu reflektieren. Beschränken Sie sich dabei auf Ihre absoluten Highlights. Zum einen geht es darum zu zeigen, dass Sie die Fähigkeiten besitzen und zum anderen darum, in welchen Situationen Sie diese angewendet haben. Belegen Sie Ihre Fähigkeiten mit konkreten und glaubwürdigen Beispielen.

Unsere Erfahrung hat gezeigt, dass Bewerber mit klaren Vorstellungen über die eigene persönliche und berufliche Situation im ganzen Prozess am erfolgreichsten sind. Gerade im Vorstellungsgespräch wird dies deutlich. Überzeugend wirken Sie vor allem dann, wenn Sie Ihre bisherige berufliche Laufbahn souverän gegen knifflige und provozierende Fragen verteidigen können. Da die meisten Fragen im Vorstellungsgespräch persönlicher und fachlicher Natur sind, sind Sie mit nachfolgender Vorgehensweise optimal vorbereitet. Selbst wenn Sie sich gegen eine dritte Seite entscheiden, nutzen Sie diese Chance zur Vorbereitung.

Als erstes nehmen Sie sich Ihre einzelnen Stationen im Lebenslauf vor und beantworten die nachfolgenden Fragen. Notieren Sie Ihre Antworten für später.

- Was hat daran Spaß gemacht und was nicht?
- Welche Erwartungen waren damit verbunden und aus welchen Gründen habe ich es gemacht?
- Sind meine Erwartungen erfüllt worden - wenn nein, warum nicht?
- Was habe ich dabei persönlich wie auch fachlich gelernt und was nicht?
- Was waren meine größten Erfolge bzw. Misserfolge?
- Welche Fähigkeiten waren bei den Erfolgen bzw. Misserfolgen maßgeblich?
- Habe ich mich durch diese Erfahrung weiterentwickelt? Wenn ja. Wodurch? Wenn nein, warum nicht?

Wichtig für die Dritte Seite sind vor allem Ihre Erfolge, die damit verbundenen Fähigkeiten und Ihre Entwicklung. Heben Sie diese in Ihren Antworten hervor, stellen Sie so Ihre Stärken dar. Optimal wäre es, wenn Sie in jeder Station ein Highlight ausmachen könnten. Unsere Empfehlung ist es, erstmal eine detaillierte Dritte Seite mit all Ihren Fähigkeiten zu erstellen, um diese dann je nach Stelle anzupassen.

> **squeaker.net-Tipp**
>
> *Gerade Bewerber, die sich auf eine Führungsposition bewerben, nutzen verstärkt die Dritte Seite. Sie präsentieren dort ihre Führungsfähigkeiten und die persönliche Entwicklung.*

Machen Sie sich nun in einem letzten Schritt daran, Ihre Dritte Seite als Fließtext zu formulieren. Mögliche Überschriften dafür sind:

- Warum Sie mich kennen lernen sollten
- Was sonst noch für mich spricht
- Meine Motivation für eine Bewerbung bei XY
- Erfahrungen und Fähigkeiten in der Automobilindustrie
- Was mich an der Automobilindustrie besonders fasziniert

Passen Sie je nach Stellenanforderungen Ihre Dritte Seite an, um dem Personaler zu zeigen, wie gut Sie auf diese Stelle passen.

Dritte Seite	
Stärken	☐
Bezug zur Stelle	☐
Format	☐
Rechtschreibung	☐

Abbildung 8: Checkbox Dritte Seite

Anruf

Nachdem Sie nun erfolgreich Ihren Lebenslauf und ggf. die Dritte Seite erstellt haben, fehlt Ihnen für eine erfolgreiche Bewerbung nur noch das Anschreiben. Die Erfahrung zeigt, dass es auch hier vielen Bewerbern schwer fällt, gute und Interesse weckende Anschreiben zu formulieren. Damit Sie sich mit Ihren Anschreiben von der Masse abheben können, haben wir die wichtigsten Punkte für Sie zusammengestellt.

Wir empfehlen Ihnen, vor der Erstellung des Anschreibens ein Telefongespräch mit dem zuständigen Personaler zu führen. Jede zusätzliche Information hilft, Ihr Anschreiben gezielter zu formulieren und Ihre persönlichen Fähigkeiten besser zur Geltung zu bringen. Verstehen Sie dieses Telefonat bereits als ein erstes »Verkaufsgespräch«; formulieren Sie gezielt, knapp und freundlich.

Viele Bewerber nutzen die Chance eines Anrufes nicht oder nerven Personaler mit lapidaren Fragen. Bereiten Sie sich deshalb auf Ihr Gespräch gut vor. Dabei kann Ihnen nachfolgende Struktur helfen:

1. Auftakt

Machen Sie sich darauf gefasst, dass Sie sich erst zum Ansprechpartner durchfragen müssen. Planen Sie zusätzliche Zeit ein, falls Sie diesen nicht sofort erreichen und deshalb erneut anrufen müssen. Falls Sie mit jemand anderem sprechen, notieren Sie sich unbedingt dessen Namen, auch wenn Sie erneut nachfragen müssen. Ein guter Zeitpunkt für Ihre Rückfrage ist kurz vor Beendigung des Gespräches. Sie können sich den Namen durchaus buchstabieren lassen, falls Ihnen die Schreibweise unklar ist. Es wirkt sehr unprofessionell und verschenkt Sympathiepunkte, wenn Ihr Anschreiben vermeidbare Fehler aufweist.

2. Motivation des Anrufes

Um den Einstieg ins Gespräch zu erleichtern und um die Aufmerksamkeit des Personalers zu wecken, nennen Sie zunächst die Stelle und den Ort der Veröffentlichung. Viele Unternehmen schreiben ihre Stellen mehrmals aus. Zum einen schaffen Sie dadurch einen konkreten Bezug und zum anderen signalisieren Sie eine strukturierte Herangehensweise. Falls die Stelle schon länger ausgeschrieben ist, informieren Sie sich über den aktuellen Bewerbungsstand und klären ab, ob Sie Ihre Bewerbung noch einreichen können.

Vorstellung

Beschreiben Sie in präzisen Worten, wer Sie sind und welche Erfahrungen und Fähigkeiten Sie mitbringen. Je strukturierter Ihre Beschreibung erfolgt, desto professioneller wirken Sie. Behalten Sie unbedingt den Fokus zur Stellenanzeige. Es wirkt sehr lächerlich, wenn Sie eine Abhandlung über Ihr Leben präsentieren. Formulieren Sie sachlich - Superlative und eigene Schmeicheleien wirken schnell überheblich und werfen ein negatives Licht auf Sie.

Fragen

Überlegen Sie sich im Vorfeld genau, welche Fragen Sie stellen wollen. Sicher ergeben sich aus Ihrem Gespräch weitere Punkte, aber halten Sie zusätzliche Fragen parat. Fachliche Fragen

squeaker.net-Tipp

Sie erfahren am meisten über eine Stelle, wenn Sie es schaffen, den Personaler reden zu lassen. Je länger das Gespräch dauert, umso nachhaltiger ist Ihr persönlicher Eindruck. Ein guter Aufhänger, um mit dem Personaler ins Gespräch zu kommen, ist, nach einem genaueren Stellenprofil zu fragen. Mit dieser Eröffnung leiten Sie geschickt zum nächsten Punkt über und können sich sicher sein, dass Sie die volle Aufmerksamkeit des Personalers haben.

stellen Sie in der entsprechenden Abteilung, alles andere fragen Sie den Personaler. Es ist durchaus legitim, den Personaler nach einem fachlichen Ansprechpartner zu fragen.

Verabschiedung und Ankündigung der Bewerbung

Sind alle Ihre Fragen geklärt, bedanken Sie sich für das Gespräch und fragen eventuell noch nach dem Namen des Gesprächspartners. In den nächsten 24 Stunden sollten Sie Ihre Bewerbung absenden – solange sind Sie dem Gesprächspartner noch in guter Erinnerung. Es empfiehlt sich daher, die Unterlagen bis auf das Anschreiben komplett zu haben.

Überfrachten Sie Ihr Anschreiben nicht. Viele Bewerber begehen den Fehler und geben Ihren Lebenslauf in kompletter Form wieder. Formulieren Sie in Kernbotschaften, warum Sie sich gerade für diese Stelle und das Unternehmen interessieren und verweisen Sie im Zuge dessen auf ausgewählte, bisherige berufliche Erfahrungen. Ihr Anschreiben sollte auf gar keinen Fall länger als eine Seite sein. Je besser es Ihnen gelingt, Ihre Anliegen prägnant auf den Punkt zu bringen, umso mehr spricht für Ihre Person.

Telefonanruf	
Auftakt	☐
Vorstellung	☐
Fragen	☐
Unterlagen fertig	☐

Abbildung 9: Checkbox Anruf

Anschreiben

Falls nicht eindeutig aus der Anzeige hervorgeht an wen Sie das Anschreiben richten sollen, fragen Sie nach. Die Floskel »Sehr geehrte Damen und Herren« wirkt veraltet und zeugt von mangelnder Information. In der Betreffzeile genügt der schlichte Vermerk: »Bewerbung als Diplom-Ingenieur.« Viele Bewerber formulieren häufig umständlich und verhaspeln sich dann in langen Zeilen wie »Bewerbung um eine Stelle als Diplom-Ingenieur«. Lassen Sie Ihr Anschreiben von unterschiedlichen Leuten Korrektur lesen. Rechtschreibfehler sind völlig unnötig und erwecken den Eindruck, dass Sie nicht sorgfältig und präzise arbeiten können. Unten rechts reicht der Vermerk »Anlagen« völlig aus. Es ist nicht mehr nötig, ein komplettes Inhaltsverzeichnis aufzulisten. Neben den formalen Kriterien gibt es auch eine Reihe inhaltlicher Punkte, die beim Verfassen des Anschreibens wichtig sind:

Inhaltlicher Aufbau des Anschreibens

In erster Linie interessieren Personaler vor allem die Fragen:

- Warum bewerben Sie sich für die Position?
- Welche beruflichen und persönlichen Qualifikationen bringen Sie mit?
- Was motiviert Sie, sich gerade bei diesem Unternehmen zu bewerben?

Versuchen Sie, während der Formulierung des Anschreibens diese Fragen im Blick zu haben. Eventuell kann es helfen, diese im Vorfeld stichwortartig auf einem Notizzettel zu beantworten.

Beantworten Sie die Fragen chronologisch. Einen einfachen Einstieg bietet das im Vorfeld geführte Telefonat, auf das Sie sich beziehen können. Eine der sich hartnäckig haltenden Legenden ist, dass man ein Bewerbungsschreiben niemals mit dem Wort »Ich« beginnen sollte. Wir haben Personaler darauf angesprochen und erhielten die Rückmeldung, dass dies völlig egal wäre.

squeaker.net-Tipp

Manche Unternehmen möchten zusätzlich zum deutschen auch ein englisches Anschreiben haben. Hierbei gelten im Grunde genommen die gleichen Kriterien bezüglich Aufbau und Inhalt. Viele Bewerber machen häufig den Fehler, sich in komplizierten Sätzen zu verstricken und schaffen es dann nicht mehr, Ihre Kernbotschaft überzeugend darzustellen. Gerade in solchen Fällen findet auch ein Teil des Gespräches auf Englisch statt. Dort fällt dann sehr schnell auf, wie gut Ihr schriftliches mit dem sprachlichen Englisch übereinstimmt. Wird dann eine zu große Diskrepanz festgestellt, machen Sie sich unglaubwürdig. Bei Unsicherheiten lassen Sie Ihr Anschreiben von Muttersprachlern Korrekturlesen.

Wichtig ist der Gesamteindruck, der sich aus Inhalt, Format und Rechtschreibung zusammensetzt.

Nach Ihrem Einstieg stellen Sie im Hauptteil Ihre besonderen Fähigkeiten und Kenntnisse dar. Diese beschreiben Sie am besten durch Ihre Schwerpunktfächer, Studienarbeiten, Diplomarbeit und Praktika. Stellen Sie ebenfalls kurz Ihre Motivation für eine Bewerbung gerade bei diesem Unternehmen dar. Präsentieren Sie sich selbstbewusst und überzeugend. Falls Sie in Ihren Fächern mit überdurchschnittlichen Ergebnissen abgeschlossen haben, erwähnen Sie dies.

Im Schlussteil können Sie, falls gefordert, Einstiegstermine und Gehaltsvorstellungen angeben. Schließen Sie Ihr Anschreiben mit Sätzen wie: »Ich freue ich mich über eine Einladung zu einem persönlichen Vorstellungsgespräch«. Umständliche Formulierungen wie »Wenn Sie nach Durchsicht meiner Unterlagen ein erstes persönliches Gespräch wünschen, so stehe ich hierfür gern zur Verfügung« klingen holprig und machen die Sache unnötig kompliziert.

Achten Sie darauf, dass Sie ihre Sätze klar und präzise formulieren. Versuchen Sie, Neugier auf Mehr zu wecken und nicht gleich alles zu verraten. Leiern Sie nicht alle Ihre Fakten aus dem Lebenslauf runter, sondern versuchen Sie alles in einen Gesamtzusammenhang zu bringen. Passen Sie Ihr Anschreiben an das jeweilige Unternehmen an. So können Sie prima zeigen, dass Sie auch wirkliches Interesse an einem Gespräch haben.

Anschreiben	
Format	☐
Aufbau	☐
Inhalt	☐
Rechtschreibung	☐

Abbildung 10: Checkbox Anschreiben

Bewerbungsarten

Online-Bewerbungssysteme

Die meisten Unternehmen in der Automobilbranche sind zu Online-Bewerbungssystemen übergegangen. Der Vorteil von solchen Systemen liegt darin, dass sich Bewerberdaten auf diese Weise einfacher miteinander vergleichen und ohne lange Vorlaufzeit bearbeiten lassen. Für Bewerber bedeuten Online-Systeme allerdings erheblich mehr Zeit und Aufwand. Sie werden schnell merken, dass sich keines der Systeme ähnelt und Sie unter Umständen all Ihre persönlichen Daten jeweils in unterschiedlichsten Zusammenhängen immer wieder aufs Neue eintragen müssen. Dies gilt vor allem für die formellen Daten wie Schulbildung, Studium etc. Lassen Sie sich dadurch nicht entmutigen. Planen Sie pro Bewerbungsmaske etwa eine Stunde ein und halten Sie Ihre Unterlagen wie Anschreiben, Lebenslauf, Dritte Seite und Zeugnisse schon im Vorfeld bereit.

Die Fragen zu Ihren persönlichen Fähigkeiten sind in etwa überall gleich. Dort macht es Sinn, die einzelnen Textbausteine der Systeme zu sammeln und diese je nach Fragestellung anzupassen. Denkbare Fragestellungen sind zum Beispiel:

- Über welche Kenntnisse (Technologien, Fachkenntnisse, Methoden etc.) verfügen Sie?
- Über welche Erfahrungen (z.B. Beruf, Projekte, Führung) können Sie uns berichten?
- Welche Fähigkeiten (z.B. Teamfähigkeit, Kundenorientierung, Kreativität etc.) charakterisieren Sie am treffendsten?
- Wie sehen Ihre langfristigen Karriereziele aus?

Berücksichtigen Sie auf jeden Fall die jeweiligen Erläuterungen zu den Fragen. Sind Stichworte gefordert, so halten Sie sich daran und schreiben keinen Fließtext. Oftmals sind die Zeilen begrenzt. Achten Sie trotzdem darauf, dass die Stichworte einen Zusammenhang ergeben und priorisieren Sie Ihre Antworten, falls der Platz nicht reichen sollte.

Bewerbungen per E-Mail

Auch in Online-Bewerbungssystemen wird nach Erfassung der Bewerberdaten oftmals die Einsendung von Anschreiben, Lebensläufen und Zeugnissen verlangt. Einigen Unternehmen reicht eine Bewerbung per E-Mail aus.

> **squeaker.net-Tipp**
>
> Speichern Sie Ihre Eingaben in einem zweiten Dokument ab. So verhindern Sie Datenverluste, falls Ihre Internetverbindung abreißt. Nutzen Sie die Möglichkeit, sich alles noch einmal anzusehen. Dies kostet zwar unter Umständen mehr Zeit, aber Sie schließen damit Fehler aus.

Senden Sie Ihre Unterlagen im pdf-Format. Strukturieren Sie Ihre Anhänge und planen Sie eine Datei als Lebenslauf und Dritte Seite, eine für das Anschreiben und eine für Ihre sämtlichen Zeugnisse und Referenzen.

Aktualisieren Sie vor jeder Bewerbung Ihre kompletten Daten und kontrollieren Sie vor dem Abschicken noch einmal alle Dokumente auf ihre Vollständigkeit und Rechtschreibung. Nichts wirkt peinlicher, als wenn Ihr Anschreiben an falsche Ansprechpartner oder gar an die Personalabteilung der Konkurrenz gerichtet ist. Überprüfen Sie, ob Ihre eingescannten Dokumente einem Papierausdruck standhalten und ob sämtliche Logos und Siegel scharf und deutlich abgebildet werden. Gleiche Überlegungen gelten für Ihr Bewerbungsfoto. Um ganz sicher zu gehen, schicken Sie Ihre Bewerbung vor dem endgültigen Versenden als Probe an Freunde und bitten diese, Ihre Unterlagen auf Herz und Nieren zu prüfen.

Bewerbungen per Brief

Die Bewerbung per Brief ist selten geworden. Auch hier gelten die gleichen Überlegungen hinsichtlich der Vollständigkeit und Rechtschreibung. Wählen Sie einfache und schlichte Mappen. Achten Sie auf eine hohe Druckqualität und ordnen Sie Ihre Zeugnisse chronologisch, dem Lebenslauf entsprechend. Es versteht sich von selbst, dass das Papier einwandfrei und frei von Eselsohren, Kaffeeflecken und sonstigen Fehlern sein muss.

> **squeaker.net-Tipp**
>
> Beachten Sie beim Versand per E-Mail die folgenden Dinge:
>
> → Schicken Sie Ihre Anhänge immer als pdf-Format, das erspart ärgerliche Umbrüche beim Empfänger oder sonstige Darstellungsschwierigkeiten.
>
> → Testen Sie vor dem Versand das Öff-nen Ihrer Dokumente und achten Sie darauf, dass Ihre Datei eine Größe von 1 MB nicht überschreitet. Vergessen Sie ebenfalls nicht, Ihren Lebenslauf zu unterschreiben. Für Ihre Online-Version scannen Sie Ihre Unterschrift ein. Achten Sie darauf, dass Ihre Unterschrift gut zu erkennen und der Scan hochwertig ist.
>
> → Vermeiden Sie kindische E-Mail-Adressen aus Ihrer Jugendzeit. Und achten Sie auf die Kongruenz Ihres Lebenslaufes mit den Angaben auf Ihren Online-Profilen - so mancher Bewerber ist schon über sein Profil bei studiVZ gestolpert. Vergessen Sie nicht den Klassiker: Googlen Sie sich selbst!

II. So bestehen Sie im Auswahlprozess

1. Bewerbungsgespräche

Die erste - und ggf. auch schon die zweite Hürde eines Telefoninterviews - haben Sie überstanden, wenn Sie eine Einladung zu einem Bewerbungsgespräch erhalten. In den meisten Fällen vereinbaren die Unternehmen zunächst die Termine telefonisch und bestätigen diese dann per E-Mail. Es kommt jedoch auch vor, dass Sie per Post zu Gesprächen eingeladen werden.

Einen Überblick über die häufigsten Fragen im Interview finden Sie in diesem Kapitel. Um Sie optimal auf die Gesprächssituation vorzubereiten, werden wir Ihnen den Ablauf des Bewerbungsgesprächs vorstellen und um weitere Tipps ergänzen.

> **squeaker.net-Tipp**
>
> *Gerade wenn Sie mehrere Gespräche absolviert haben, werden Sie feststellen, wie sehr sich manche Fragen ähneln. Lassen Sie es sich unter keinen Umständen anmerken, falls Sie die Frage schon kennen und versuchen Sie, jedes Mal authentisch zu antworten. Zu routiniert vorgetragene Antworten klingen nach »Auswendiglernerei« und nicht nach einer eigenen Persönlichkeit.*

Ziel des ersten Bewerbungsgespräches ist es, sich gegenseitig kennen zu lernen und einen ersten Eindruck darüber zu erhalten, ob Unternehmen und Bewerber zusammenpassen könnten. Falls kein Assessment Center veranstaltet wird, können noch bis zu drei weitere Gespräche stattfinden. In der ersten Runde werden Sie häufig jemandem aus der Personalabteilung und Ihrem potenziellen Chef, dem Abteilungsleiter, gegenüber sitzen. In den nächsten Runden kommen je nach Unternehmen der Personalleiter und der Bereichsleiter hinzu. Denkbar ist es auch, dass Sie zukünftige Kollegen in Ihrem Gespräch kennen lernen und diese ebenfalls bei der Besetzung der Stelle ein Mitspracherecht haben. Erste und zweite Gespräche unterscheiden sich in der Zielsetzung, nicht aber von den Inhalten her. Während im ersten Gespräch das Kennen lernen im Vordergrund steht, geht es im zweiten Gespräch darum zu entscheiden, ob Sie auf die Stelle passen.

Für alle Gespräche gilt folgende Erfolgsformel:

- Hören Sie gut und aufmerksam zu. Denn durch die Struktur, die Inhalte des Gesprächs und die Interaktion mit Ihren Gesprächspartnern erhalten Sie erste Eindrücke vom Unternehmen. Nicht nur Sie, sondern auch das Unternehmen präsentiert sich.
- Antworten Sie offen und authentisch. Versuchen Sie den Hintergrund der Frage zu erkennen und nehmen Sie sich kurz Zeit um Ihre Antwort zu strukturieren. Ihre Interviewer merken schnell, wenn Ihre Antworten zu gestelzt, unehrlich oder überheblich klingen. Beziehen Sie alle Teilnehmer ins Gespräch mit ein. Fragen Sie bei Unsicherheiten nach. Gehen Sie selbstbewusst mit Stärken und Schwächen um.
- Vergessen Sie nicht zu atmen und zu lächeln. Lassen Sie sich nicht durch Stressfragen aus der Ruhe bringen. Kehren Sie Punkte, die

gegen Sie sprechen könnten, in überzeugende Argumente für eine Einstellung um.

Im Gesprächsvorfeld

Lassen Sie sich Ihren Termin von der Personalabteilung schriftlich bestätigen. Oft enthält die Einladung auch Angaben über Namen und Funktion Ihrer Gesprächspartner.

Gehen Sie die Anfahrtsbeschreibung durch und stellen Sie bei Unklarheiten Rückfragen. Planen Sie genügend Zeit als Puffer ein, falls Sie unterwegs mit Stau oder Zugverspätungen rechnen müssen. Seien Sie lieber deutlich zu früh, als zu spät am Ziel. Wartezeiten überbrücken Sie entweder in einem Café oder mit einem Spaziergang. Falls unterwegs eine Verspätung abzusehen ist, informieren Sie Ihre Gesprächspartner frühzeitig.

> **squeaker.net-Tipp**
>
> *Informieren Sie sich im Vorfeld auf der Unternehmenswebsite oder durch Online-Netzwerke wie Xing über Ihre Gesprächspartner.*

Aufbau des Gespräches

Ihr Bewerbungsgespräch beginnt schon in der Lobby des Unternehmens. Am besten sind Sie fünf Minuten vor Gesprächsbeginn da und bitten den Empfang, Sie beim zuständigen Personaler anzumelden. Der Personaler wiederum wird die anderen Gesprächsteilnehmer informieren. Nutzen Sie die Wartezeit, um sich in der Empfangshalle umzuschauen und erste Eindrücke über das Unternehmen zu erhalten. Auf dem Weg zu den Besprechungsräumen fragen Personaler häufig, ob Sie gut her gefunden und eine angenehme Anfahrt hatten. Geben Sie sich bei der Antwort entspannt und nutzen Sie den Small Talk zum Auflockern für beide Seiten.

Im Besprechungsraum angekommen, werden Sie zunächst Ihren Gesprächspartnern vorgestellt. Begrüßen Sie alle mit Namen und lächeln Sie. Seien Sie selbstbewusst und signalisieren Sie, dass Sie sich auf das Gespräch freuen. Als Gesprächseinstieg wird Sie der Personaler nochmals begrüßen und Ihnen die Gesprächsinhalte nennen.

Fragen zum Unternehmen

In das eigentliche Bewerbungsgespräch wird oft mit der Frage: »Was wissen Sie über unser Unternehmen?« übergeleitet. Hier geht es vornehmlich darum zu zeigen, dass Sie sich vorbereitet haben. Dazu gehören Informationen zu:

- a) der Unternehmensgeschichte
- b) der Produktpalette
- c) den Mitbewerbern

Am effektivsten recherchieren Sie im Internet. Den umfassendsten Eindruck über das Unternehmen bekommen Sie, wenn Sie sich sowohl primäre als auch sekundäre Quellen anschauen. Zu den primären Quellen gehören etwa die Homepage und der Geschäftsbericht des Unternehmens. Zu den sekundären Quellen zählen Artikel in Zeitungen, Fachzeitschriften, von Unternehmensberatungen und Verbänden; auch in Statistiken, Wettbewerbsanalysen oder Marktstudien über die Branche können Sie fündig werden.

Neben den Unternehmensseiten empfehlen wir die folgenden Quellen:

- den aktuellen Jahresbericht des deutschen Verbands der Automobilindustrie
- den aktuellen Jahresbericht über die Kfz-Statistik vom Kraftfahrt-Bundesamt

Außerdem lohnt sich ein Blick auf diverse Branchenportale, insbesondere:

→ www.automobil-produktion.de

→ www.auto-motor-und-sport.de

→ www.automobilwoche.com

→ www.automobilindustrie.de

→ www.innovations-report.de

→ www.auto-reporter.net

Mit Hilfe dieser Seiten können Sie sich schnell einen Überblick über neueste Entwicklungs- und Forschungsergebnisse, Studien und Statistiken sowie innovative Verfahren verschaffen. Danach sollten Sie auf Fragen des Arbeitgebers im Bewerbungsgespräch gut vorbereitet sein. Im folgenden Abschnitt werden nun besonders häufig gestellte Personaler-Fragen aufgeführt, über die man im Vorfeld einer Bewerbung definitiv nachdenken sollte:

a) Unternehmensgeschichte

Wann wurde das Unternehmen gegründet und wie sah die bisherige Entwicklung aus?

- Wie sieht die Organisationsstruktur des Unternehmens aus?
- An welchen Standorten agiert das Unternehmen?
- Wie viele Mitarbeiter hat das Unternehmen?
- Wie sieht die Firmenkultur aus?
- Welche Strategien, Ziele und Visionen verfolgt das Unternehmen in den nächsten Jahren?
- Was sagt die Presse momentan über uns?
- Warum möchten Sie zu unserem Unternehmen?

Auf der Homepage des Unternehmens können Sie sich über die Unternehmensgeschichte, Visionen und Strategien sowie Erfahrungsberichte von Mitarbeitern informieren. Lesen Sie den Geschäftsbericht und evtl. Kurzprofile des Unternehmens in Fachzeitschriften oder bei squeaker.net. Hier finden Sie weitere Insider-Berichte und können mit ehemaligen Mitarbeitern direkt in Kontakt treten.

b) Produktpalette

- Welche Produkte bietet das Unternehmen an?
- Welche Zielgruppen sollen damit erreicht werden?
- Auf welchen Märkten ist das Unternehmen präsent?
- An welchen Standorten werden die Produkte produziert?
- Von welchen Lieferanten bezieht das Unternehmen seine Teile?
- Was verbinden Kunden mit unseren Produkten?
- Was sind unsere Marken?

- Für welche Technologien sind wir bekannt?
- Was ist unsere Strategie?
- Wie schätzen Sie den Markt momentan ein?
- Wie wird sich die Branche in der nächsten Zeit entwickeln? - Welche Auswirkungen lassen sich für unseren Bereich daraus ableiten?
- Bei OEMs: Wie sieht unsere Modellpalette aus, wie hat sich diese entwickelt und wer kauft welches Auto?
- Bei Systemlieferanten: An wen liefern wir unsere Produkte? In welche Modelle werden diese eingebaut?
- In welchen Märkten bewegen wir uns, wo sind wir überall präsent?

Hier geht es darum, sich einen detaillierten Überblick über die einzelnen Produkte des Unternehmens zu verschaffen. Ein Bewerber erzählte uns, dass er über die damals neue R-Klasse von Mercedes ausgefragt wurde und überhaupt nicht darauf vorbereitet war. Interessant sind vor allem die Serien, die kürzlich erst auf dem Markt eingeführt wurden.

Für diese Informationen recherchieren Sie am besten in Fachzeitschriften oder in Internet. Falls Sie genügend Zeit haben, können Sie auch dem Vertragshändler vor Ort einen Besuch abstatten und sich direkt über die Fahrzeugmodelle informieren. Oftmals verfügen Automobilverkäufer über ein detailliertes Fachwissen, welches Sie gerne an Interessierte weitergeben. Falls Sie also tatsächlich diesen Weg gewählt haben, erwähnen Sie es im Vorstellungsgespräch. Damit können Sie extra Punkte sammeln.

c) Mitbewerber

- Welches sind die direkten Mitbewerber des Unternehmens?
- Welche Produkte bieten Mitbewerber an?
- Welche Zielgruppen sollen damit erreicht werden?
- Auf welchen Märkten werden die Produkte angeboten?
- An welchen Standorten werden diese Produkte produziert?
- Was sind deren Stärken und Schwächen?
- Wodurch unterscheiden sich die Produkte?
- Wie steht das eigene Unternehmen im Vergleich zu Mitbewerbern dar?

Die meisten Zeitschriften wie »auto motor und sport« veröffentlichen bei allen neuen Modellen umfangreiche Produkttests und Vergleiche. Lesen Sie diese Berichte unbedingt und recherchieren Sie die anderen Informationen über die Mitbewerber auf deren Seiten. Oftmals veröffentlichen auch Beratungen Vergleichsprofile über die Unternehmen und auch Verbände und Fachzeitschriften beschäftigen sich damit.

Während sich die Wissensaufbereitung bei OEMs relativ einfach gestaltet, können die im Netz verfügbaren Informationen über Systemlieferanten schon deutlich schwieriger recherchierbar sein. Lassen Sie nicht entmutigen und versuchen trotzdem, möglichst viel über das Unternehmen herauszufinden. Gerade bei hier in Deutschland unbekannten und kleineren Lieferanten kann die Recherche zeitaufwändig sein.

Notieren Sie sich Ihre Ergebnisse unbedingt und fassen Sie diese auf maximal einer Seite zusammen. Gerade als Einstieg fragen Personaler oft, welche Informationen Sie bereits über das Unternehmen besitzen. Die Anfangsnervosität lässt sich am besten mit Ihrer vorbereiteten Struktur meistern. Achten Sie darauf, Ihre Aussagen inhaltlich zu ordnen und erzählen Sie nicht länger als drei Minuten. Die meisten Fakten werden sowieso durch den Personaler ergänzt. Vielmehr geht es darum zu zeigen, dass Sie sich wirklich für das Unternehmen begeistern können. Ein anderer Einstieg können außerdem Schlagzeilen aus der aktuellen

> **squeaker.net-Tipp**
>
> *Unterscheiden Sie im Gespräch zwischen allgemeinen und konkreten Fragen. Konkrete Fragen wie »Warum interessieren Sie sich für diese Stelle?«, zielen auf detaillierte Antworten ab. Halten Sie sich bei Ihrer Antwort eng an die Fragestellung und vermeiden Sie Details ohne engeren Bezug zur Frage. Fehl am Platz wäre zu sagen, dass Sie bei den anderen Unternehmen keine Stelle angeboten bekommen haben oder Sie eigentlich nur durch Zufall auf diese Stelle gestoßen sind. Offene Formulierungen wie »Erzählen Sie uns etwas über Ihre bisherige Entwicklung!«, können Sie ausführlicher beantworten und Punkte nennen, die im weiteren Sinne mit der Beantwortung zu tun haben. Hierbei könnten Sie auf Ihre Studienschwerpunkte, Praktika und beruflichen Nebentätigkeiten sowie Ihr außeruniversitäres Engagement eingehen. Strukturieren Sie gerade bei allgemein gehaltenen Fragen Ihre Antworten gut. So verlieren Sie nicht den Überblick und bringen Ihre persönlichen Beweggründe für Ihre Laufbahn besser zur Geltung.*

Tagespresse sein. Behalten Sie deshalb in den Tagen vor Ihrem Interview die aktuellen Meldungen der Tagespresse im Auge.

Fragen zur Motivation der Bewerbung und Vorstellung der Person

- Warum bewerben Sie sich genau für diese Position in unserem Unternehmen?

Personaler möchten an dieser Stelle Ihre Motivation überprüfen. Haben Sie sich beworben, weil Sie das Unternehmen wirklich faszinierend finden, oder nur, weil Sie nichts anderes gefunden haben? Gehen Sie zu dem Unternehmen, weil es in der Branche für seinen guten Ruf bekannt ist, oder weil Sie sich weiterentwickeln möchten?

- Was interessiert Sie besonders an dieser Aufgabe?
- Wieso begeistern Sie sich ausgerechnet für unser Unternehmen?
- Was fasziniert Sie an der Automobilbranche?

Sehr häufig werden Bewerber nach Ihren Gründen für eine Bewerbung in der Automobilindustrie und bei dem betreffenden Unternehmen gefragt. Während man bei OEMs einigermaßen schlüssig erklären kann, was man mit der Marke verbindet, wird die Argumentation bei einem Systemlieferanten für Kabelsätze schon schwieriger. Hinzu kommt, dass viele ihre Faszination nicht genau in Worte fassen können und bei solchen Fragen schnell unsicher werden. Machen Sie sich im Vorfeld daher unbedingt klar, warum Sie zu dem entsprechenden Unternehmen möchten. Bei einer möglichen Antwort hilft Ihnen Ihre Recherche über das Unternehmen. Greifen Sie die Punkte auf, die Sie während Ihrer Recherche besonders interessant fanden. Dies können Unternehmensleitsätze oder persönliche Erfahrungsberichte von Mitarbeitern sein.

- Erzählen Sie uns kurz über Ihre bisherige berufliche Entwicklung.

Gehen Sie wirklich nur kurz auf Ihre bisherigen beruflichen Stationen ein. Strukturieren Sie Ihre Antworten unbedingt und verheddern sich nicht in unnötig langen Ausführungen über die jeweiligen Aufgabenschwerpunkte. Personaler werden Sie im weiteren Verlauf des Gesprächs nach einzelnen Aufgabeninhalten fragen. Ziel der Frage ist es, zu überprüfen wie souverän Sie sich selber präsentieren können. Fangen Sie mit Ihrem Studium an und erklären Sie in knappen Sätzen warum Sie sich für Ihre einzelnen Stationen entschieden haben. Die Beantwortung der Frage sollte nicht mehr als drei Minuten in Anspruch nehmen.

- Warum haben Sie sich für diese Studienschwerpunkte entschlossen?

Hier haben Sie die Möglichkeit detailliert auf Ihr Studium einzugehen. Personaler wollen mit dieser Frage überprüfen, inwieweit Sie schon während Ihres Studiums Vorstellungen über Ihre spätere Karriere besitzen. Diese Frage können Sie ausführlicher beantworten und Ihre Wahl mit Ihren persönlichen Entscheidungskriterien begründen.

- Welche Aufgaben sind Ihnen während Ihres Praktikums übertragen worden? Beschreiben Sie uns bitte einen typischen Arbeitsalltag.

Nutzen Sie an dieser Stelle die Chance und beschreiben Sie Ihre jeweiligen Aufgabengebiete detailliert. Je mehr Ihre bisherigen Aufgaben mit denen der Stelle übereinstimmen, desto positiver ist Ihr Eindruck. Beziehen Sie Ihre Beschreibungen auf besondere Kenntnisse wie bspw. Abläufe von Prozessen, Anwendung von Analysetools und eingesetzte Software. Stellen Sie Ihre

Beispielantwort einer Trainee-Anwärterin im Bereich Logistik bei VW:

»Aufgrund meiner analytischen Fähigkeiten war mir bei der Wahl meiner Schwerpunkte eine möglichst umfassende Betrachtung der Wertschöpfungskette von Unternehmen wichtig. Meine konzeptionelle Stärke sehe ich im Bereich der betrieblichen Planung und Logistik. Als Herausforderung betrachte ich die Entwicklung und Implementierung von Konzepten zur Optimierung von Geschäftsabläufen. Mein Interessensschwerpunkt liegt bei der Logistik im Supply Chain Management, da dort vor allem der Aspekt der ganzheitlichen Betrachtung eine Rolle spielt. Um logistische Warenströme nicht nur aus betriebswirtschaftlicher sondern auch aus volkswirtschaftlicher Sicht beurteilen zu können, habe ich mich für Verkehrswissenschaft entschieden«.

fundierten technischen Kenntnisse der Branche dar. Eine Bewerberin erzählte uns, dass sie ein Bauteil erklären sollte, welches sie während ihrer Diplomarbeit im Einkauf beim Daimler betreut hatte. Machen Sie sich darauf gefasst, dass Personaler nachhaken werden, um die Richtigkeit Ihrer Aussagen zu überprüfen.

- Warum haben Sie Ihr Praktikum bei (z.B.) Daimler gemacht?
- Wieso haben Sie Ihre Diplomarbeit bei (z.B.) Ford geschrieben?

Beantworten Sie diese Frage mit einer Kombination aus Interesse für das jeweilige Unternehmen und Leidenschaft für den jeweiligen Schwerpunkt. Lassen Sie durchblicken, dass Ihre Diplomarbeit das Ziel Ihres Studiums und Ihrer bisherigen Karriere war.

Fragen zu persönlichen Fähigkeiten

Im nächsten Teil bekommen Sie Detailfragen zu Ihren jeweiligen Stationen gestellt. Das Ziel dabei ist, Ihren Lebenslauf auf Konsistenz zu überprüfen und weitere Einblicke in Ihre Persönlichkeit zu erhalten. Sehen Sie diese Fragen als Ihre Chance, Ihre Gesprächspartner von sich zu überzeugen und zu zeigen, dass Sie die ideale Besetzung für die Stelle sind. Der Schwerpunkt der Fragen liegt vor allem auf den Stationen, die auf den ersten Blick am meisten mit der Stellenausschreibung gemeinsam haben. Beschränken Sie Ihre Schilderungen nicht nur auf Ihre vermeintlichen Highlights. Vielleicht haben Sie z.B. in Ihrem Ehrenamt wichtige Erfahrungen gesammelt, die Ihnen beruflich weiter geholfen haben. Führen Sie sich bei der Beantwortung noch einmal die Stellenbeschreibung vor Augen und schaffen Sie einen Abgleich zwischen Anforderungen und Geleistetem. Gehen Sie dabei auf die Punkte ein, die Ihre Gesprächspartner bisher vernachlässigt haben, bei denen Sie aber davon überzeugt sind, dass diese ebenfalls zu Ihren relevanten Qualifikationen gehören.

»Stärken zu präsentieren und Schwächen geschickt zu verkaufen ist gut, aber bleiben Sie authentisch. In einem Auswahlverfahren werden Sie sich in der Regel verschiedenen Situationen und Selektionsmethoden stellen müssen, Schauspieler werden hier schnell enttarnt.«

Katia Seubert, Personalreferentin bei Mahle

Nachdem Fragen zu Ihrer beruflichen Qualifikation beantwortet wurden, werden Ihnen Fragen zu Ihren persönlichen Fähigkeiten gestellt. Vermeiden Sie, lediglich Schlagworte aufzuzählen, sondern geben Sie für jede Ihrer Fähigkeiten auch ein konkretes Beispiel. Dies gilt sowohl für Stärken als auch Schwächen. Zum einen wirken Sie dadurch glaubwürdiger und zum anderen macht es das Gespräch deutlich interessanter, wenn Sie mehr über sich erzählen. Rechnen Sie in diesem Zusammenhang mit Stressfragen. Lassen Sie sich nicht provozieren oder verunsichern.

- Wie würden Ihr ehemaliger Chef/Kommilitonen/Freunde/Kollegen Ihre Stärken beschreiben?
- In welcher konkreten Situation haben Sie diese Stärken bewiesen? Welche schwierigen Situationen haben Sie gemeistert?
- Auf welche Ihrer beruflichen Leistungen und Erfolge sind Sie besonders stolz?
- Wann haben Sie Führungsqualitäten gezeigt?
- Was war Ihr größter beruflicher und persönlicher Erfolg?
- Wie würden Sie sich selbst charakterisieren?

Diese und ähnliche Fragen knüpfen an Ihre besonderen Fähigkeiten an. Wenn Sie sich mit diesen Themen bereits bei der Erstellung Ihrer dritten Seite beschäftigt haben, dürfte Ihnen die Beantwortung nicht schwer fallen. Stellen Sie sicher, dass Sie für jede Ihrer Fähigkeiten ein bis zwei Beispiele parat haben.

- Was sind Ihre beruflichen Ziele?
- Was möchten Sie in drei, fünf und zehn Jahren beruflich erreicht haben?
- Was bedeutet das Wort »Karriere« für Sie?

An dieser Stelle möchten Personaler wissen, ob Sie sich bereits mit Ihrer Karriere auseinandergesetzt haben und konkrete Vorstellungen über Ihre Zukunft besitzen. Antworten Sie realistisch und übertreiben Sie auf gar keinen Fall. Geben Sie etwa an, dass Sie sich langfristig weiterentwickeln möchten, schrittweise Verantwortung durch größere Projekte übernehmen und evtl. eine Zeit im Ausland arbeiten möchten – zeigen Sie Ihre Ambitionen!

- Was zeichnet Ihrer Meinung nach einen guten Vorgesetzten aus?
- Was einen guten Mitarbeiter?
- Haben Sie Vorbilder?

Hier möchte der Interviewer wissen, inwieweit Sie sich mit Ihrem bisherigen Arbeitsumfeld auseinandergesetzt haben und welche Wünsche Sie an Ihren zukünftigen Job stellen. Nicht jeder kommt mit allen Menschen gleich gut klar. Seien Sie an dieser Stelle ehrlich und beschreiben Sie Ihren idealen Chef. Achten Sie trotzdem aber darauf, nicht zu pathetisch zu klingen.

Bewerber für Management-Positionen werden gerne gefragt, wie sie von anderen Leuten eingeschätzt werden und wie ehrlich sie mit Kritik umgehen können. Befragen Sie dazu ihr Umfeld: Bitten Sie Freunde und ehemalige Kollegen Ihre Stärken einzuschätzen. Stellen Sie sich den Meinungen anderer und gleichen Sie mit dies mit Ihren eigenen Einschätzungen ab. Dazu können Sie nachfolgende Box benutzen.

Abbildung 11: Einschätzung durch Umfeld

Leider fragen Personaler nicht nur nach Stärken, sondern auch Ihren Schwächen und Misserfolgen. Naturgemäß tut sich jeder Bewerber damit schwer. Meistens fragen Personaler nach spezifischen Situationen, in denen diese Schwächen zum Vorschein gekommen sind. Nutzen Sie die nachfolgende Box um sich an Situationen zu erinnern, die nicht gut gelaufen sind und versuchen Sie herauszufinden, was die Gründe dafür waren. Lassen sich daraus Rückschlüsse auf Ihre Schwächen ziehen?

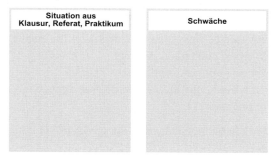

Abbildung 12: Konkrete Beispiele zu Schwächen

Überlegen Sie in einem nächsten Schritt, welche Entwicklungspotenziale Sie aus Ihren Schwächen ziehen können. Personaler fragen gerne danach.

Ebenfalls beliebt ist die Umkehrung einer Stärke in eine Schwäche und andersherum. Hier müssen Sie selbstbewusst bleiben und sich nicht aus der Fassung bringen lassen. Seien Sie also darauf vorbereitet, jede Ihrer Stärken als Schwächen und andersherum darstellen zu können. Nachfolgende Box hilft bei der Strukturierung Ihrer Antworten.

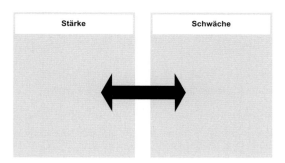

Abbildung 13: Stärke & Schwäche

Typische Fragen zu Ihren Schwächen lauten:

- Wie würden Ihr ehemaliger Chef/Kommilitonen/Freunde/Kollegen Ihre Schwächen beschreiben?
- Was war Ihr größter bisheriger Misserfolg (beruflich/privat)?

- Worüber können Sie sich richtig ärgern?
- Hatten Sie schon mal Schwierigkeiten mit Vorgesetzen und Kollegen? Wenn ja: Mit wem? Warum? Wie sind Sie damit umgegangen? Was haben Sie daraus gelernt?
- Wie gehen Sie mit Kritik um?
- Was war Ihr bisheriger größter beruflicher Fehler und wie haben Sie darauf reagiert?

Beantworten Sie die Fragen im Vorfeld und sprechen Sie kritische Antworten mit Freunden durch.

Fragen zur Stelle

- Wie stellen Sie sich Ihre Aufgaben vor?
- Wenn wir Ihnen eine andere Stelle anbieten würden, würden Sie diese auch akzeptieren?
- Warum interessieren Sie sich für diese Stelle?
- Was sind aus Ihrer Sicht die Vor- und Nachteile der von uns angebotenen Position und wie wollen Sie damit umgehen?

Ziel dieser Fragen ist es, wieder die Motivation Ihrer Bewerbung zu überprüfen und zu erfahren wie realistisch Sie Ihre zukünftige Stelle einschätzen. Recherchieren Sie daher vorher im Internet nach ähnlichen Stellenprofilen oder lesen Sie Erfahrungsberichte aus ähnlichen Bereichen.

- Haben Sie bereits Erfahrung mit solchen Aufgaben?
- Warum sollten wir diese Stelle mit Ihnen besetzen?

Erneut müssen Sie belegen, dass die Stelle perfekt zu Ihren Qualifikationen passt. Beschränken Sie sich dabei jedoch auf das Wesentliche und erschlagen Sie den Personaler nicht mit übereifrigen Argumenten.

Die meisten Fragen wird Ihnen bis hierher der Personaler gestellt haben. Nachdem Ihre Person auf dem Prüfstand war, werden Sie einen Augenblick lang durchatmen können, da die Fachabteilung Ihnen nähere Informationen über die Stelle geben wird. Hören Sie gut zu und machen Sie nicht den Eindruck, als ob Sie alles gegeben haben und von Ihrem Sieg überzeugt sind. Auch hier zählen wieder Ihre Motivation und der Leistungswille. Oftmals schließen sich an die Vorstellung der Stelle fachliche Fragen an. Gerade dort sollten Sie zeigen, dass Ihre Kompetenz auch fachlicher Natur ist und Sie mit den Fragestellungen souverän umgehen können. Beweisen Sie mit Ihren Antworten, dass Sie einen Bogen zwischen Ihren Qualifikationen und dem Stellenprofil schlagen können. Der souveräne Umgang mit Fachbegriffen ist nun gefragt. Geballtes fachliches Wissen finden Sie in Teil C.

Stressfragen

Wie geht der Bewerber mit direkter Provokation um? Bleibt er selbstbewusst, kann er sich glaubwürdig verteidigen oder lässt er sich demotivieren? Wenn Sie mit unangenehmen Fragen konfrontiert werden, bleiben Sie sachlich und freundlich. Sehen Sie das ganze als eine Art sportlichen Wettkampf und lassen Sie sich durch unangenehme Fragen nicht durcheinander bringen. Stressfragen sind meist in den Raum gestellte Behauptungen oder Unterstellungen. Wären die angesprochenen Leistungen wirklich ein ernsthaftes Problem, hätte man Sie nicht zum Gespräch eingeladen. Nachfolgende Fragen geben Ihnen einen Überblick darüber, was Sie erwarten könnte:

- Warum haben Sie so lange studiert?
- Warum haben Sie nicht an einer Universität bzw. Fachhochschule studiert?
- Ihre jetzigen Noten sind sehr gut, wieso besteht da ein Unterschied zum Vordiplom?
- Bedeutet das, Sie haben Probleme mit analytischer Arbeit?
- Die von Ihnen genannten Stärken gehören inzwischen zum Standard – wie wollen Sie sich abheben? Wie steht es um Ihre Belastbarkeit, wenn Sie schon im Studium unter Zeit- und Notendruck geraten sind?
- Sie haben bisher nur zwei Praktika absolviert. Glauben Sie, dass Sie genug Praxiserfahrung für diese Stelle mitbringen?
- Sie haben Ihre Gehaltsvorstellungen angegeben. Warum sind Sie soviel wert?
- Unser Einstiegsgehalt liegt deutlich unter Ihren Vorstellungen. Würden Sie die Stelle trotzdem haben wollen?

Wenn Sie beim Lesen der Fragen denken, Ihnen würde keine einzige gute Antwort einfallen, hier ein paar Strategien zum souveränen Umgang:

- Üben Sie Ihre Antworten im Vorfeld. Sprechen Sie Ihre Argumente mit Freunden durch und verbessern sie solange, bis Sie sich sicher damit fühlen. Einige Ratgeber empfehlen, den Fragen auszuweichen. Tun Sie das nicht, sondern beziehen Sie die Frage mit in Ihre Antworten ein.
- Machen Sie sich deutlich, dass im Grunde genommen alles erklärbar ist. Dabei sind vor allem Ihre Argumente wichtig. Darüber hinaus geht es nur in zweiter Linie um eine schlüssige Beantwortung der Fragen. In erster Linie werden Personaler darauf achten, wie gut Sie mit der Stresssituation umgehen können.
- Beantworten Sie die Frage offensiv. Geben Sie zu, dass Sie mit Ihren Leistungen nicht ganz zufrieden sind und führen Sie gleichzeitig Gründe dafür auf. Versuchen Sie, Ihre negative Leistung ins Positive zu drehen. Hier das Beispiel eines Halbjahrespraktikanten bei Porsche: »An der Universität sind Praktika keine Pflicht, trotzdem habe ich mich freiwillig dafür entschieden, um neben dem Studium erste Erfahrungen zu sammeln. Da ich jedoch kein Semester verlieren wollte, habe ich einen Schein parallel zu meinem Praktikum geschrieben.«
- Falls Sie in der Hitze des Gefechts eine Ihrer Antworten vergessen, versuchen Sie Zeit zu gewinnen indem Sie die Frage nochmals wiederholen: »Habe ich richtig verstanden, dass Sie von meinen Studienleistungen auf meine analytischen Fähigkeiten schließen?« Nutzen Sie die gewonnene Zeit um nochmals durchzuatmen.
- Eine weitere Möglichkeit besteht darin, den Inhalt der Frage einfach umzudrehen. So machte es ein Bewerber bei Audi, indem er dem Personaler erklärte, dass er mit seiner 3er Note in der Strömungslehre noch im oberen Drittel der Prüflinge lag.
- Falls gar nichts hilft und Sie keinen Fuß auf den Boden bekommen, denken Sie daran, dass sich eigentlich auch das Unternehmen Ihnen präsentiert. Vielleicht wird Ihnen somit schon klar, dass die dort praktizierte Unternehmenskultur nicht Ihren Vorstellungen entspricht.

Unzulässige Fragen

Gerade Bewerberinnen sehen sich mit unzulässigen Fragen bezüglich Vereinbarkeit von Familie und Karriere, Schwangerschaft oder Familienplanung konfrontiert. Ebenfalls unzulässig sind Fragen nach Ihrer Religions-, Partei- oder Gewerkschaftszugehörigkeit. In diesen Bereich fallen auch Fragen zum gesundheitlichen Zustand (sofern dieser nicht mit der Ausübung Ihrer Tätigkeit im Zusammenhang steht) und zum finanziellen Background. Rein gesetzlich gesehen müssen Sie diese Frage nicht beantworten. Im Gespräch können Sie die Antwort verweigern oder kritisch nachfragen, in welchem Zusammenhang diese Frage mit Ihrer Stelle stehen soll.

Abschluss des Gesprächs: Eigene und letzte Fragen des Unternehmens

Verlieren Sie auf den letzten Metern nicht Ihre Form! Überstanden ist das Gespräch erst dann, wenn Sie das Unternehmen verlassen. In der letzten Phase des Gesprächs geht es vor allem um Ihre Fragen, abschließende Bemerkungen zum Gespräch und den weiteren Bewerbungsprozess.

Eigene Fragen

Für eigene Fragen haben Sie etwa fünf bis zehn Minuten Zeit. Wahrscheinlich wird sich ein großer Teil Ihrer Fragen während des Gesprächs geklärt haben, aber nichtsdestotrotz sollten Sie an dieser Stelle auch die Gelegenheit nutzen und selber Fragen stellen. Nichts wirkt peinlicher, als entweder keine oder äußerst triviale Fragen vorbereitet zu haben. Nachfolgende Beispielfragen geben Ihnen einen ersten Eindruck:

- Gibt es die Möglichkeit, den Arbeitsplatz und die Kollegen im Vorfeld kennen zu lernen?

»Haben Sie noch Fragen? Dieses abschließende Statement sollten Bewerber für sich nutzen. Alles, was nicht auf unserer Webseite erklärt wird, ist hier erlaubt, etwa Details zur angestrebten Stelle. Offenheit und Transparenz sind wichtige Werte unseres Unternehmens, von zukünftigen Mitarbeitern erwarten wir uns deshalb diese Neugier. Außerdem brauchen wir Unternehmertypen, die Continental als ihren Arbeitgeber sehen und sich innovativ einbringen.«

Sehnaz Özden, Leiterin des globalen Recruitings beim Zulieferer Continental

- Wie sieht die Einarbeitung aus?
- Wie würde ein typischer Arbeitsalltag aussehen?
- Was sind meine Haupt- und Nebenaufgaben?
- Aus wie vielen Leuten setzt sich das Team zusammen?
- Besteht die Möglichkeit, eine Zeit im Ausland zu arbeiten?
- Sind die Aufgaben mit Reisetätigkeit verbunden?

Die letzten Fragen des Unternehmens und Vertragskonditionen

Oftmals erkunden sich Personaler nach dem Stand Ihrer anderen Bewerbungen und möchten wissen, welche Prioritäten Sie verfolgen. Geben Sie mit Ihrer Antwort das Gefühl, dass dieser Job an oberster Stelle steht, Sie aber durchaus auch noch andere Positionen in Ausblick haben. Formulieren Sie Ihre Antworten auf jeden Fall diplomatisch. Weitere Fragen in diesem Zusammenhang sind:

- Wie zufrieden waren Sie mit dem bisherigen Gesprächsverlauf?
- Denken Sie, dass Sie uns überzeugt haben?
- Haben Sie noch Hinweise für uns, wie wir das Gespräch verbessern könnten?

Ebenfalls in diese Kategorie fallen Informationen über Gehalt, Urlaub, Arbeitszeiten und sonstige Vergünstigungen. Unternehmen sprechen meistens das Thema Gehalt von alleine aus an. Spätestens im zweiten Gespräch sollte dies näher besprochen werden. Falls im ersten Gespräch kein Wort darüber verloren wird, können Sie es mit den Worten: »Wird die Gehaltsvorstellung im nächsten Gespräch konkretisiert?« ansprechen.

Die Vergütungen von Praktika und Diplomarbeiten stehen fest, so dass Sie auf diese kaum Einfluss nehmen können. Bei manchen Stellen werden Sie im Vorfeld gebeten, Ihre Gehaltsvorstellung schon in der Bewerbung zu

---

squeaker.net-Tipp

Falls Ihr Bewerbungsgespräch wider Erwarten nicht gut gelaufen sein sollte und Sie eine Absage erhalten, fragen Sie beim zuständigen Personaler nach den Gründen. Tun Sie dies gerade dann, wenn Sie selber davon überzeugt waren, dass das Gespräch gut gelaufen ist. Lernen Sie aus diesem Feedback für das nächste Gespräch.

nennen. Falls Sie sich unsicher bezüglich Ihres eigenen Wertes sind, konsultieren Sie eine der zahlreich verfügbaren Lohn- und Gehaltsstudien im Internet. Um sich nicht genau festlegen zu müssen, empfiehlt es sich, eine Spanne anzugeben. Seien Sie darauf vorbereitet, dass Personaler nachfragen werden, wie Sie auf diesen Betrag gekommen sind.

Erkundigen Sie sich nach dem weiteren Ablauf, und danach, wann Sie mit einem Feedback rechnen können. Bedanken Sie sich bei allen Teilnehmern für das Gespräch und verabschieden Sie sich. Meistens begleitet Sie der Personaler zum Empfang und wünscht Ihnen eine gute Heimfahrt.

2. Telefoninterview

Manchmal führen Unternehmen vor dem eigentlichen Bewerbungsgespräch ein Telefoninterview durch. Es dient dazu, sich einen ersten Eindruck von Ihrer Persönlichkeit zu verschaffen und als Entscheidungsgrundlage für die Einladung zu weiteren Gesprächen. Bereiten Sie auch ein Telefoninterview gründlich vor und überzeugen Sie den Personaler von Ihren Fähigkeiten. Zeigen Sie, dass Sie kommunikativ, flexibel und authentisch bezüglich Ihrer Angaben im Lebenslauf sind. Die meisten Telefoninterviews werden vorher durch einen Termin vereinbart. Stellen Sie sicher, dass der Termin in Ihre Tagesplanung passt und schieben Sie ihn auf gar keinen Fall irgendwo dazwischen. Planen Sie eine Stunde Vorlauf ein und gehen Sie vor Ihrem Interview Ihre Unterlagen in Ruhe durch. Es kommt vor, dass Unternehmen 15 Minuten vor dem eigentlichen Termin anrufen, um zu testen, wie flexibel und gut Sie vorbereitet sind.

Inhalte eines Telefoninterviews können Fragen zu Ihrem Lebenslauf, Ihrer Motivation für eine Bewerbung oder auch zu Ihren Stärken und Schwächen sein. Die Fragen sind mit denen in einem persönlichen Vorstellungsgespräch ähnlich, sodass Sie mit den oben genannten Fragen auch hier bestens vorbereitet sind. Oft werden diese Fragen sehr offen gestellt und Sie aber gleichzeitig gebeten, möglichst präzise darauf zu antworten. Je mehr Sie Ihre Antworten im Vorfeld strukturieren, umso besser werden Sie bei solchen Fragen abschneiden.

Vorbereitung Ihrer Antworten

Vielen Bewerbern fallen Telefoninterviews schwerer als persönliche Vorstellungsgespräche. Da Sie lediglich die Stimme des Personalers hören, ist es schwieriger, dessen Reaktion abzuschätzen. Strukturieren Sie daher Ihre Antworten vor, aber lesen Sie nicht vom Blatt ab. Helfen können Ihnen dabei Ihre Notizen, die Sie sich bei der Erstellung Ihres Lebenslaufes und der Dritten Seite gemacht haben. Bereiten Sie zudem auch die bereits erwähnten Informationen zum Unternehmen vor. Sprechen Sie mit Freunden mögliche Antworten durch. Achten Sie darauf, dass Ihre Erläuterungen flüssig und authentisch wirken. Oftmals werden im Telefoninterview auch Ihre Fremdsprachenkenntnisse geprüft. Seien Sie daher darauf vorbereitet, Ihre einzelnen Stationen auch in Englisch wiedergeben zu können. Gerade im Zusammenhang mit Auslandsaufenthalten wird dies gerne von Personalern abgefragt.

Passende Gesprächsumgebung schaffen

Erfolgreiche Telefoninterviews ergeben sich auch durch eine gute Gesprächsatmosphäre. Achten Sie vor allem auf Ruhe, genug Platz für Ihre Unterlagen und einen vollen Akku in Ihrem Telefon. Konzentrieren Sie sich voll und ganz auf Ihren Gesprächspartner und schweifen Sie gedanklich nicht ab. Sortieren Sie Ihre Unterlagen vorher, so dass Sie diese sofort griffbereit haben. Dazu gehören Ihre vollständige Bewerbung, die Stellenanzeige, Ihre Antworten sowie die Informationen über das Unternehmen.

Nicht zu unterschätzen ist die Wahl Ihrer Kleidung und die Sitzposition. Sowohl schicke Kleidung als auch eine aufrechte Sitzposition beeinflussen Ihre Sprach- und Stimmlage. Diese sind im Rahmen eines Telefoninterviews besonders wichtig. Entspannen Sie sich und lächeln Sie, so bleiben Sie am Telefon freundlich und aufmerksam. Sprechen Sie deutlich und nicht zu schnell. Falls Sie zwischendurch von Ihrer Nervosität überrascht werden, atmen Sie ruhig durch und konzentrieren Sich auf Ihre vorbereiteten Antworten.

Den Gesprächsfaden halten

Ein besonderes Augenmerk werden Personaler auf die Struktur Ihrer Antworten legen. Gehen Sie daher bei einer Vorstellung Ihrer Person nicht zu sehr in die Tiefe, sondern heben Sie einzelne berufliche Stationen prägnant hervor.

Betrachten Sie das ganze als Dialog zwischen dem Personaler und Ihnen. Lassen Sie sich nicht alles aus der Nase ziehen, aber halten Sie auch keinen Monolog über Ihr bisheriges Leben. Sie werden im weiteren Verlauf des Gespräches noch genug Zeit haben, Motivation, Aufgabengebiet und Leistungen zu ergänzen. Außerdem können Sie bei Unsicherheiten jederzeit nachfragen, welche zusätzlichen Informationen zu Ihrem Werdegang relevant sind. Zeigen Sie Ihre Konzentration durch etwaige Zwischenfragen oder zustimmende Antworten. Sprechen Sie den Personaler ab und an mit seinem Namen an, um einen persönlichen Bezug zwischen ihm und Ihnen herzustellen.

Oftmals macht es Sinn, die Frage des Personalers aufzugreifen und mit in Ihre Antwort einzubeziehen. Dies hilft Ihnen zum einen, den roten Faden zu behalten und verstärkt außerdem Ihre Argumentation.

Auch hier werden Sie zum Abschluss selbst die Möglichkeit haben, Fragen zu stellen. Dadurch zeigen Sie Interesse an der Stelle und dem Unternehmen. Unbedingt sollten Sie nach dem weiteren Vorgehen bzw. Feedback fragen. Bedanken Sie sich für das Gespräch und die damit verbundene Zeit.

Telefoninterview

- [ ] Antworten vorbereiten
- [ ] Unterlagen sortiert
- [ ] Umgebung abgestimmt
- [ ] Testlauf absolviert?

Abbildung 14: Checkbox Telefoninterview

3. Assessment Center

Ziel des Assessment Center (AC) ist die Beobachtung, Beurteilung und Einschätzung beruflicher und persönlicher Fähigkeiten und Entwicklungspotenziale der Teilnehmer. Überprüft werden soziale Kompetenz, systematisches Denken und Handeln, motiviertes Handeln, Selbständigkeit, Durchsetzungsvermögen und sowohl Ihr sprachliches als auch schriftliches Ausdrucksvermögen. Das AC richtet sich sowohl an Einsteiger als auch Mitarbeiter, die etwa eine Stelle im Management anstreben. Vor allem für die Besetzung von Trainee- oder Consulting-Stellen werden ACs durchgeführt. Bewerber, die sich für einen Direkteinstieg interessieren, werden seltener hiermit konfrontiert. Ein AC kann von einigen Stunden bis zu zwei Tagen dauern und wird von den meisten Teilnehmern als überaus fordernd empfunden. Während der gesamten Zeit stehen Sie unter ständiger Beobachtung und haben keine ruhige Minute für sich. Selbst in den vermeintlichen Pausen werden Rückschlüsse auf Ihre Persönlichkeit gezogen.

squeaker.net-Tipp

Bringen Sie Ihre vollständigen Bewerbungsunterlagen sowie Papier, Stifte und einen Taschenrechner zum AC mit. Darüber hinaus empfehlen wir Ihnen, sich einige Snacks für Zwischendurch einzupacken. Lutschbonbons, Kopfschmerztabletten oder Traubenzucker können ebenfalls hilfreich sein.

Bestandteile von ACs sind:

- Präsentationen über sich selbst oder zu vorgegebenen Themen
- Gruppendiskussionen
- Rollenspiele
- Postkorbübungen
- Fallstudien
- Intelligenztests
- Konfliktgespräche

Diese Aufgaben müssen Sie entweder alleine, in einem Team oder mit einem der Beobachter zusammen durchführen. Wir werden die einzelnen Bausteine vorstellen und anhand bereits gestellter Testaufgaben die Möglichkeit geben, sich darauf vorzubereiten.

Präsentationen

Aufgabe und Umfang von Präsentationen hängen stark vom jeweiligen Unternehmen ab. Für eine fünfminütige Präsentation werden Ihnen meistens zwischen 10 und 30 Minuten Vorbereitungszeit eingeräumt. Denkbar ist es auch, dass Sie Ihr Thema am Abend vorher mitgeteilt bekommen und Sie insgesamt mehr Zeit für die Präsentation zur Verfügung haben. Nutzen Sie in diesem Fall unbedingt die Zeit und bereiten Sie sich nicht erst während der Anreise vor. Oft werden Sie auch gebeten, Ihre Präsentation in Englisch zu halten. Führen Sie mehrere Testläufe durch und bitten Sie Freunde um Feedback. Achten Sie bei der Vorbereitung auf eine logische und strukturierte Herangehensweise. Überlegen Sie sich, wie Sie Ihre Präsentation aufbauen und welches Ihre Kernaussagen sind. Gestalten Sie Ihre Präsentation interessant und erschlagen Sie Ihr Auditorium nicht mit Fakten. Reden Sie möglichst frei und verstecken sich nicht hinter Ihren Unterlagen. Treten Sie selbstsicher auf und identifizieren Sie sich mit Ihrem Thema. Halten Sie sich unbedingt an die zeitliche Vorgabe und verlieren Sie diese nicht in der Hitze des Gefechts aus den Augen. Nutzen Sie die zur Verfügung gestellten Hilfsmittel und beziehen Sie diese in Ihre Präsentation ein. In erster Linie zählt nicht der Inhalt, sondern die Art und Weise, wie Sie sich präsentieren.

Selbstpräsentationen

Der Einstieg in ein AC wird in den meisten Fällen über eine Selbstpräsentationen gewählt. Dabei sollen sich die Mitbewerber gegenseitig kennen lernen und die Beobachter erhalten erste Eindrücke über Persönlichkeit und Ausstrahlung. Außerdem wird geprüft, ob Sie innerhalb kürzester Zeit in der Lage sind, einen Sachverhalt zu erfassen und diesen dann Ihren Zuhörern zu vermitteln. Oft müssen Sie einen Standpunkt gegenüber Kritikern vertreten oder die Vorteile bestimmter Produkte, Technologien etc. präsentieren. Getestet wird, ob Sie die nötige Überzeugungskraft, Durchsetzungsvermögen und Kommunikationsfähigkeit für Ihre zukünftige Stelle mitbringen.

In der Regel können Sie sich auf Ihre Vorstellung vorbereiten und Ihre Notizen verwenden. Seien Sie trotz allem darauf gefasst, diese auch aus dem Stegreif halten zu müssen. Als Ihre Kernbotschaften stellen Sie Ihre Eignung,

Ihre Fähigkeiten und Ihre Motivation dar. Schlagen Sie außerdem einen Bogen zwischen Ihren Qualifikationen und dem Unternehmen.

squeaker.net-Tipp

Es kann ebenso vorkommen, dass sich Unternehmen zu Beginn des ACs vorstellen. Machen Sie sich während der Präsentation unbedingt Notizen, da Sie diese an anderer Stelle auf jeden Fall brauchen werden. Zeigen Sie durch Fachfragen, dass Sie sich für das Unternehmen interessieren und sich bereits mit diesem vertraut gemacht haben.

Darüber hinaus kann es auch denkbar sein, dass Sie jemanden aus dem Top Management vorstellen müssen – so wie es in einem AC bei Volkswagen um den Markenvorstand Wolfgang Bernhard ging. In diesem Fall geben Sie einen kurzen Überblick über seine Biographie und beschäftigen sich dann mit seiner Funktion im Unternehmen. Stellen Sie dar, welche Veränderungsprozesse durch ihn angestoßen wurden und welche Erfolge dadurch erzielt wurden.

Nutzen Sie zur Vorbereitung nachfolgende Beispielaufgaben. Ihre Antwort sollte etwa fünf Minuten dauern:

- Was können Sie dem Unternehmen geben?
- Stellen Sie uns drei Ihrer charakteristischen Merkmale vor.
- Stellen Sie uns bitte jemanden aus unserer Führungsspitze vor.

Präsentationen über Modelle, Technologien

Während eine Selbstpräsentation in der Regel einfach vorzubereiten ist, erfordern Präsentationen über Modelle oder Technologien detaillierte Branchenkenntnisse. Teilweise werden Sie die Informationen zur Verfügung gestellt bekommen. In manchen Fällen wird aber auch abgeprüft, inwieweit Sie sich im Vorfeld mit dem Unternehmen und Mitbewerbern beschäftigt haben. Mit Hilfe von Teil C werden Sie solche Aufgaben spielend meistern.

Für Ihre Vorbereitung können Sie folgende Beispielaufgaben nutzen:

- Stellen Sie den neuen Opel Corsa vor. Gehen Sie dabei auch auf die Modelle der Mitbewerber ein. (10 Minuten)
- Stellen Sie das Konzept des SUV vor. (5 Minuten)

Präsentationen über die Branche und Unternehmen

Befassen Sie sich im ersten Schritt mit dem Ist-Zustand: Erklären Sie die aktuelle Lage und den Handlungsbedarf des Unternehmens. Falls Sie über die vorgegebenen Informationen hinaus Wissen besitzen, gehen Sie vorsichtig damit um. Tun Sie dies gerade dann, wenn es im Widerspruch zu Ihren Unterlagen steht. Nutzen Sie zur Verfügung stehende Präsentationshilfen. Greifen Sie in einem zweiten Schritt Ursachen auf, die zu der derzeitigen Lage geführt haben und stellen Sie diese auch graphisch dar. In einem dritten Schritt beschäftigen Sie sich mit dem Soll-Zustand. Stellen Sie Maßnahmen vor, die zur Erreichung nötig sind. Achten Sie dabei darauf, dass die Maßnahmen realistisch und vor allem umsetzbar sind. Geben Sie darüber hinaus einen Ausblick auf zukünftige Trends. Fassen Sie in einem letzten Schritt Ihre Präsentation nochmals kurz zusammen und schließen Sie mit Ihren Handlungsempfehlungen.

> **Eine Teilnehmerin über das Auswahlverfahren bei ThyssenKrupp:**
>
> »Im AC musste ich eine zehnminütige Präsentation über technische Innovationen im Automobilbereich halten. Dabei wurde mir am Vorabend eine Auswahl mit Innovationen zur Verfügung gestellt, aus denen ich mir die nach eigenem Ermessen Wichtigste heraussuchen sollte. Während der Präsentation stellten mir die Beobachter Zwischenfragen und versuchten, mich von meinem Thema abzubringen. Getestet wurden dabei vor allem meine Stressresistenz, mein Verständnis für technische Zusammenhänge und mein Durchsetzungsvermögen.«

Nutzen Sie nachfolgende Beispielaufgaben zur Vorbereitung:

- Was sind die größten fünf Probleme des Konzerns? (5 Minuten)
- Stellen Sie ein Unternehmen aus unserer Branche vor. Gehen Sie dabei auf Stärken und Schwächen ein. (10 Minuten)

Darüber hinaus gilt für alle Präsentationen:

Bleiben Sie sachlich und professionell. Machen Sie deutlich, dass Sie dieses Thema kompetent darstellen können. Witze oder Anekdoten können zwar auflockernd wirken, jedoch auch vom Thema abhalten. Verschenken Sie gerade bei kurzen Präsentationen nicht unnötig Zeit. Identifizieren Sie Ihre Zielgruppe und passen Sie Ihre Wortwahl entsprechend an.

Gruppendiskussion

Das Thema der Diskussion kann entweder bereits vorgegeben sein oder es ist Aufgabe der Teilnehmer, sich auf eines zu einigen. Dabei fließt der Auswahlprozess ebenfalls mit in die Beurteilung ein. Im Vordergrund steht nicht unbedingt das Ergebnis der Diskussion, sondern vielmehr, wie sich einzelne Mitglieder der Gruppe zueinander verhalten. Hier müssen Sie Ihre soziale Kompetenz unter Beweis stellen und Kommunikations-, Konflikt- und Teamfähigkeit sowie Durchsetzungsvermögen zeigen. Zum anderen sind ebenfalls Rückschlüsse auf Ihre analytischen Fähigkeiten möglich, da Sie auch hier einen Sachverhalt in kürzester Zeit erfassen müssen.

> **squeaker.net-Tipp**
>
> *Seien Sie darauf vorbereitet, Ihr Manuskript abgeben zu müssen. Achten Sie dabei vor allem auf Struktur und Leserlichkeit. Sie machen es damit den Prüfern leichter, Ihre Unterlagen nachvollziehen zu können.*

Folgende Variationen sind denkbar:

    a) Diskussion eines allgemeinen Themas
    b) Diskussion einer speziellen Problemstellung
    c) Diskussion eines vorgegebenen Themas mit festgelegten Rollen
    d) Diskussion mit Moderator

Nachfolgende Hinweise zur erfolgreichen Umsetzung gelten für alle Diskussionsarten. Oftmals wird Ihnen auch hier eine kurze Vorbereitungszeit eingeräumt. Nutzen Sie die Zeit, um Ihre Kernargumente festzulegen und untermauern Sie diese mit Beispielen. Dies gilt vor allem dann, wenn Ihnen eine bestimmte Rolle während der Diskussion zugeteilt wurde. Um die Diskussion ins Laufen zu bringen, können Sie zu Beginn versuchen, eine Struktur für den weiteren Ablauf zu erarbeiten. Mögliche Punkte könnten sein: Mit welchen Schwierigkeiten sieht sich jeder einzelne konfrontiert? Welche Standpunkte vertritt jeder einzelne? Wo gibt es verbindende und trennende Argumente? Wie könnte ein möglicher Kompromiss gestaltet werden?

Bleiben Sie während der ganzen Diskussion sachlich, halten Sie jederzeit Blickkontakt und lassen Sie sich nicht aus der Ruhe bringen. In den meisten Fällen werden einzelne Standpunkte so konträr gewählt, dass Konflikte programmiert sind. Bringen Sie Ihre Gelassenheit auch durch Ihre Körpersprache zum Ausdruck. Setzen Sie sich weder verkrampft hin noch zu lässig, damit nicht etwa der Eindruck von Desinteresse entsteht. Äußern Sie sich präzise und scheuen Sie sich nicht, unangenehme Dinge anzusprechen. Nehmen Sie Ihre Gesprächspartner ernst und lassen Sie sie ausreden. Weisen Sie notfalls darauf hin, falls man Ihnen ständig ins Wort fällt - auch das kann gewollt sein. Achten Sie darauf, dass Sie eine ausgewogene Mischung zwischen »zuhören« und »reden« finden. Binden Sie andere Teilnehmer in die Diskussion ein und sprechen Sie diese direkt an. Gerade bei Diskussionen mit vorgegebenen Rollen ist es wichtig, die einzelnen Standpunkte zu kennen und die einzelnen Vorgaben bei der Erarbeitung eines Kompromisses zu berücksichtigen. Aber Achtung: Nicht alle Punkte müssen erfüllt werden. Unterscheiden Sie zwischen vorgeschriebenen Anforderungen und Restriktionen oder wünschenswerten Eigenschaften. Am besten benutzen Sie zur Übersicht während solcher Diskussionen eine Matrix zur graphischen Darstellung der Vorgaben.

Treten Sie souverän auf und stehen Sie für Ihre Meinung ein. Begründen Sie Ihre Argumente und reflektieren Sie solche, die in Ihren Augen oberflächlich sind und keinen Bestand haben. Achten Sie darauf, Ihre Argumente strukturiert darzulegen: Nennen Sie als erstes Ihren Standpunkt und untermauern Sie diesen dann mit Argumenten – nennen Sie plastische Beispiele. Beziehen Sie mögliche Einwände ein und kehren Sie diese in Pro-Argumente für Ihren Standpunkt um. Fassen Sie Ihre und die Beiträge von Teilnehmern zusammen und loben Sie besonders gute Leistungen. Diese sollten Sie aufgreifen und weiter entwickeln. Behalten Sie stets

> **squeaker.net-Tipp**
>
> *Im Gegensatz zu Präsentationen ist es schon schwieriger, sich auf Gruppendiskussionen vorzubereiten. Im Grunde genommen kann kaum eine Prognose über den Ablauf von Diskussionen getroffen werden, da dieser stark von den Beiträgen der Teilnehmer abhängt. Nichtsdestotrotz sollten Sie diesen AC-Baustein nicht unvorbereitet antreten. Neben der sozialen Kompetenz gilt es ebenso zu beweisen, dass Sie Themen strukturiert angehen können. Das können Sie sehr wohl üben. Wir empfehlen daher, dass Sie für nachfolgende Beispielaufgaben Ihre Argumentationsstruktur und einen kurzen möglichen Ablauf festlegen. Berücksichtigen Sie unbedingt Teil C dieses Buches: Diese Tools zeigen Ihnen, welche Punkte Sie zu berücksichtigen haben. Aber auch während der realen Testsituation können Sie damit punkten.*

die Fragestellung im Auge und führen Sie die Gruppe wieder darauf zurück, falls diese vom Thema abgewichen sein sollte.

Sollten Sie zum Moderator einer Diskussion ernannt werden, müssen Sie zusätzlich noch folgende Punkte berücksichtigen: Als Hauptaufgabe gewährleisten Sie einen reibungslosen Ablauf und tragen nicht zum Inhalt bei. Sie vertreten also keine eigene Meinung, sondern sind vielmehr dafür verantwortlich, dass jeder Teilnehmer die Chance hat, sich zum Thema zu äußern. Ihre Aufgabe ist es außerdem, Zwischenschritte und Ergebnisse festzuhalten und dafür zu sorgen, dass der Kompromiss die Zustimmung aller findet.

Beispielaufgabe 1: Suchen Sie den richtigen Kandidaten für ein Traineeprogramm. Ihnen liegen sowohl die Stellenanzeige als auch die Unterlagen von zehn verschiedenen Bewerbern vor. Ingesamt haben Sie 45 Minuten Zeit.

Beispielaufgabe 2: Jeder Teilnehmer stellt einen Abteilungsleiter dar, der bereits einen Firmenwagen besitzt. Nun lässt der Bereichsleiter einen Sportwagen springen, der demjenigen mit dem meisten Erfolg gebührt. Damit sich der Chef nicht unbeliebt macht, überträgt er Ihnen die Aufgabe, sich auf den neuen glücklichen Besitzer des Sportwagens zu einigen. (45 Minuten Zeit)

Beispielaufgabe 3: Ein großes regionales Möbelhaus plant seinen Umzug in neue Verkaufsräume. Ihre Aufgabe ist es, den Umzugsplan rückwärts zu planen und die vorhandenen Ressourcen aufzuteilen. (Keine Vorbereitungszeit, 30 Minuten Diskussion)

Beispielaufgabe 4: Um Ihre Arbeiter am Band zu motivieren, haben Sie Preise für die besten Verbesserungsvorschläge ausgeschrieben. Ingesamt sind zehn Erfolg versprechende Vorschläge bei Ihnen eingegangen. Ihre Aufgabe ist es, sich mit den Kollegen auf die besten drei Vorschläge zu einigen. Nach welchen Kriterien entscheiden Sie? (15 Minuten Vorbereitung und 30 Minuten Diskussion)

Beispielaufgabe 5: Um sich gegen drohende Lieferschwierigkeiten in der Stahlindustrie abzusichern, erarbeiten Sie gemeinsam mit Kollegen aus den Bereichen Einkauf, Logistik, Produktion und Controlling eine Strategie. Die tatsächliche Diskussion wird mit vorgegebenen Rollen geführt. Im Rahmen Ihrer Vorbereitung spielen Sie alle Rollen durch und überlegen, welche Punkte jeweils für die Bereiche am wichtigsten sind. (10 Minuten Vorbereitung und 50 Minuten Diskussion)

Beispielaufgabe 6: Ihr Marktanteil im Nutzfahrzeuggeschäft ist stark eingebrochen. Was können Sie tun, um wieder in Form zu kommen? (20 Minuten)

Rollenspiele

Rollenspiele testen Ihre soziale Kompetenz und sind im Hinblick auf zukünftige Führungsaufgaben interessant. In den meisten Fällen werden Sie mit unangenehmen und negativen Ereignissen konfrontiert und müssen diese entweder aus der Welt schaffen oder dafür gerade stehen. Je nach Aufgabenstellung wird Ihnen eine kurze Vorbereitungszeit eingeräumt. Folgende Gesprächsvarianten sind denkbar:

Mitarbeitergespräch

Einer Ihrer Mitarbeiter ist in letzter Zeit durch schlechte Leistungen aufgefallen. Dies kann sich z.B. in Unpünktlichkeit, einer erhöhten Fehlerquote in der Produktion, mangelnder Sorgfalt, Unfreundlichkeit usw. äußern. Ihre Aufgabe ist es, den Mitarbeiter mit den Tatsachen zu konfrontieren und dafür zu sorgen, dass er in Zukunft wieder zu seiner alten Form zurückfindet. Dieses Setting kann verstärkt werden, wenn die Aufgabe die Kündigung Ihres Mitarbeiters vorschreibt und/oder Sie bereits wissen, dass dieser derzeit mit massiven persönlichen Problemen wie etwa einer Scheidung zu kämpfen hat.

Gespräch mit Vorgesetzten

Hier sind zwei Szenarien denkbar: Im ersten müssen Sie sich für gemachte Fehler verantworten. Ein mögliches zweites Szenario wäre, dass Sie Ihren Chef von etwas überzeugen müssen. Dies können Gehaltserhöhungen, die Einstellung von zusätzlichem Personal oder neue Konzepte und/oder Strategien sein.

Gespräch mit Kollegen

Auch an dieser Stelle werden Sie Ihr Gegenüber überzeugen müssen. In den meisten Fällen wird es darum gehen, zusätzliche Arbeitsleistungen zu übernehmen oder auf bestimmte Ressourcen zugunsten von besonderen Projekten zu verzichten.

Kundengespräch

Im Rahmen dieses Rollenspiels werden Sie entweder gebeten dem Kunden ein besonderes Produkt zu verkaufen, oder Sie müssen etwa eine Beschwerde annehmen und den Kunden besänftigen.

Mit nachfolgenden drei Lösungsschemata sind Sie bestens darauf vorbereitet, jedes Rollenspiel souverän zu meistern.

Schema 1: Überzeugungs- und Verkaufsgespräche

1.) Überlegen Sie sich zu Beginn, was Sie mit Ihrem Gespräch erreichen möchten. In diesem Fall möchten Sie jemanden von den Vorzügen bestimmter Dinge überzeugen. Diese werden Ihrem Gegenüber in erstem Moment nicht einsichtig sein, zumal die Vorzüge in den meisten Fällen mit zusätzlichen Kosten und Anstrengungen verbunden sind.

2.) Ermitteln Sie in einem ersten Schritt die Bedürfnisse Ihres Gegenübers. Hören Sie genau zu und fragen Sie nach. Verschaffen Sie sich einen Überblick über die derzeitige Situation des Anderen.

3.) Greifen Sie die genannten Bedürfnisse auf und bauen Sie diese mit in Ihre Argumentation ein. Stellen Sie einen Bezug zwischen Bedürfnissen und Vorzügen dar. Machen Sie durch weitere Beispiele deutlich, wie attraktiv Ihr Vorschlag ist.

4.) Fassen Sie die Ergebnisse nochmals zusammen und stellen Sie abschließend die Vorzüge Ihrer Lösung dar.

Beispielaufgabe 1: Ein Kunde hat bei Ihrer Autovermietung für das Wochenende einen Opel Corsa gebucht. Leider ist dieser aufgrund eines internen Buchungsfehlers nicht mehr verfügbar. Als einziges Auto können Sie ihm einen Opel Vectra anbieten, der aber pro Tag 12 Euro mehr kostet. Wie gehen Sie mit der Situation um? (keine Vorbereitungszeit, 5 Minuten Rollenspiel)

Beispielaufgabe 2: Ihnen ist die Verantwortung für ein neues Strategieprojekt übertragen worden. Bewähren Sie sich dabei, stehen die Chancen auf eine

Beförderung sehr gut. Ein Teil Ihrer Aufgabe ist es, andere Kollegen zur Mitarbeit zu gewinnen, weil Sie das Projekt alleine nicht schaffen können. Wie überzeugen Sie Ihre Kollegen? (keine Vorbereitungszeit, 5 Minuten Rollenspiel)

Beispielaufgabe 3: Da die Anzahl der Unfälle in Ihrem Produktionswerk in den letzten Monaten stark gestiegen ist, möchten Sie ein neues Sicherheitskonzept durchsetzen. Dies kostet vor allem Geld und Zeit in der Umsetzung. Ihr Chef steht dem ganzen sehr skeptisch gegenüber. Wie schaffen Sie es trotzdem, ihn davon zu überzeugen? (20 Minuten Vorbereitungszeit für das Konzept, 20 Minuten Rollenspiel)

Schema 2: Kritikgespräche

1.) Machen Sie sich vor Ihrem Gespräch wiederum die Zielsetzung klar und fragen sich, was Sie mit dem Gespräch erreichen wollen. In den meisten Fällen möchten Sie eine Verhaltensänderung bewirken.

2.) Sprechen Sie den Kritikpunkt direkt und ohne Umschweife an. Schaffen Sie eine gute Gesprächsatmosphäre, indem Sie sich diplomatisch und neutral verhalten. Stellen Sie heraus, dass Sie eine bestimmte Situation bzw. das Verhalten, aber nicht die Person an sich kritisieren.

3.) Geben Sie Ihrem Gegenüber Zeit, sich zu rechtfertigen und hören Sie aufmerksam zu. Ergründen Sie Ursachen für das Fehlverhalten. Fragen Sie nach, ob eventuelle persönliche Probleme bestehen, die zu der Leistungsschwäche geführt haben.

4.) Stellen Sie Ihren Standpunkt dar und belegen Sie diesen mit Argumenten. Beziehen Sie dabei die Informationen mit ein, die Ihnen Ihr Gegenüber im Laufe des Gesprächs mitteilt. Fördern Sie die Einsicht des Betroffenen indem Sie ihn mit in Ihre Überlegungen einbeziehen.

5.) Arbeiten Sie an einem gemeinsamen Konsens und halten Sie das Ergebnis abschließend fest.

Beispielaufgabe 1: Sie sind Leiter einer Autovermietung und Ihr Trainee kommt in letzter Zeit immer zu spät zur Arbeit. Während eines gemeinsamen

Mittagessens sprechen Sie ihn darauf an. (Keine Vorbereitungszeit, 5 Minuten Rollenspiel)

Beispielaufgabe 2: Bei einem Ihrer langjährigen Stammlieferanten treten in letzter Zeit Qualitätsprobleme auf. Falls er Ihnen nicht glaubhaft versichert, dass er das Problem in absehbarer Zeit beheben kann, müssen Sie sich nach einem anderen Lieferanten umsehen. Andere Lieferanten könnten Ihnen die Teile außerdem zu günstigeren Konditionen anbieten. Sie wissen aber auch, dass der Verlust Ihres Auftrages Ihren Lieferanten in den Konkurs treiben würde. Wie gehen Sie das Gespräch an? (5 Minuten Vorbereitungszeit, 10 Minuten Gespräch)

Schema 3: Konfrontation mit Fehlern und Beschwerden

1.) Auch hier hilft es wieder, sich die Zielsetzung vor Augen zu führen. Mit Ihrem Gespräch möchten Sie die Situation entschärfen und Lösungsvorschläge unterbreiten.

2.) Nehmen Sie die volle Verantwortung auf sich und stehen Sie für den Fehler gerade. Entschuldigen Sie sich dafür. Tun Sie dies auch dann, wenn Sie gar nicht dafür verantwortlich sind. Dies gilt vor allem in Kundengesprächen. Versuchen Sie sachlich zu bleiben und nennen Sie Gründe für das Entstehen von Fehlern. Versuchen Sie aber nicht, diese allein dafür verantwortlich zu machen.

3.) Falls möglich, schlagen Sie Alternativen für die Lösung vor. Erklären Sie, welche Dinge Sie daraus gelernt haben und dass diese Fehler in Zukunft nicht mehr vorkommen werden.

Beispielaufgabe 1: Sie haben vor Ihrem Urlaub einen Fehler gemacht und werden am ersten Tag Ihrer Rückkehr damit konfrontiert. In Ihrer Finanzplanung für den kommenden Monat haben Sie fälschlicherweise einen zu niedrigen Betrag angesetzt, so dass Ihnen nun 30 Prozent weniger Budget zur Verfügung stehen. (keine Vorbereitungszeit, 10 Minuten für das Gespräch)

---

squeaker.net-Tipp

Stellen Sie sich darauf ein, dass Ihr Gegenüber oftmals übertrieben reagieren wird. Oftmals werden Assessoren besonders uneinsichtig gegenüber Ihren Argumenten sein. Rechnen Sie mit Angriffen, die sich durch Zweifel an Ihrer Kompetenz, aggressives Verhalten oder Lügen äußern. Lassen Sie sich nicht davon provozieren oder aus der Ruhe bringen, sondern bleiben Sie sachlich und führen Sie in solchen Fällen wieder zur Ausgangslage zurück.

Beispielaufgabe 2: Aufgrund einer falschen Logistikplanung sind Lieferengpässe zu befürchten. Welche Lösungsvorschläge unterbreiten Sie Ihrem Chef? (5 Minuten Vorbereitungszeit, 10 Minuten für das Gespräch)

Postkorb

Mit Postkorb-Übungen werden Ihre Entscheidungsfreudigkeit, Organisations- und Problemlösungsfähigkeit sowie Belastbarkeit getestet. Sie werden diese Übung zunächst alleine absolvieren und Ihre Ergebnisse danach den Prüfern präsentieren.

Die gängigsten Szenarien sind dabei entweder Ihr letzter bzw. erster Tag vor oder nach dem Urlaub oder die Ablaufplanung für einen Tag bzw. ein Projekt. In beiden Fällen haben Sie nur ein absolutes Minimum an Zeit, um Ihren Schreibtisch zu organisieren. In Ihrem Posteingang liegt eine stattliche Anzahl von Schriftstücken wie E-Mails, Briefe oder Faxe, die alle bearbeitet werden müssen. Diese können sowohl betrieblicher als auch privater Natur sein. Es erwartet Sie eine bunte Mischung aus Anfragen, Aufträgen, Entscheidungsvorlagen, Informationen und persönlicher Korrespondenz.

Zeigen Sie während der Übung, dass Sie auch in der Hitze des Gefechts einen kühlen Kopf bewahren können und es Ihnen leicht fällt, Ihre Aufgaben zu priorisieren und zu delegieren. Lassen Sie sich nicht von den Aufgabenblättern erschlagen oder entmutigen. Gerade Postkorb-Übungen sind so angelegt, dass Ihnen die Zeit nicht reichen wird und die einzelnen Vorgänge sich widersprechen oder gegensätzlich sind. Achten Sie vor allem darauf, dass Sie Ihre Entscheidungen gegenüber den Assessoren sinnvoll begründen können. Die Struktur auf der nächsten Seite hilft Ihnen bei der Umsetzung des Postkorbs:

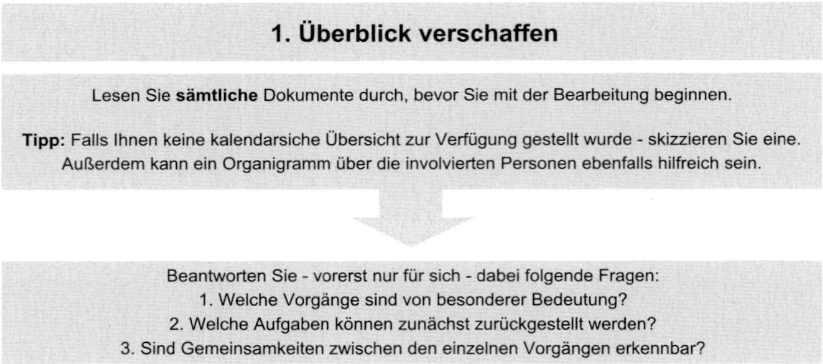

1. Überblick verschaffen

Lesen Sie **sämtliche** Dokumente durch, bevor Sie mit der Bearbeitung beginnen.

Tipp: Falls Ihnen keine kalendarsiche Übersicht zur Verfügung gestellt wurde - skizzieren Sie eine. Außerdem kann ein Organigramm über die involvierten Personen ebenfalls hilfreich sein.

⬇

Beantworten Sie - vorerst nur für sich - dabei folgende Fragen:
1. Welche Vorgänge sind von besonderer Bedeutung?
2. Welche Aufgaben können zunächst zurückgestellt werden?
3. Sind Gemeinsamkeiten zwischen den einzelnen Vorgängen erkennbar?

Abbildung 15: Sich Überblick verschaffen bei Postkorb-Übungen

Sortieren Sie dann jedes Schriftstück anhand folgender Matrix in die jeweiligen Kategorien ein:

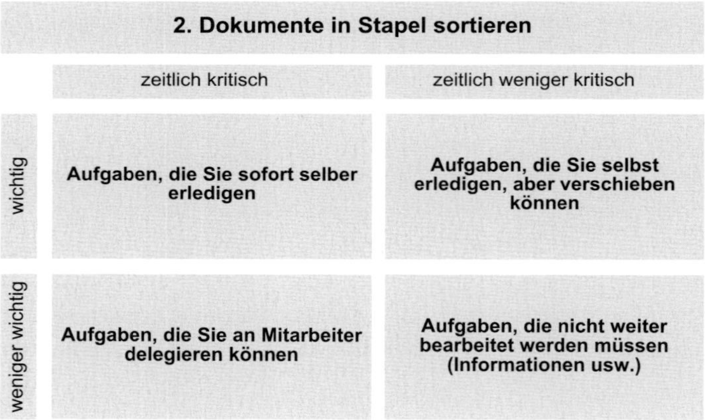

2. Dokumente in Stapel sortieren

	zeitlich kritisch	zeitlich weniger kritisch
wichtig	Aufgaben, die Sie sofort selber erledigen	Aufgaben, die Sie selbst erledigen, aber verschieben können
weniger wichtig	Aufgaben, die Sie an Mitarbeiter delegieren können	Aufgaben, die nicht weiter bearbeitet werden müssen (Informationen usw.)

Abbildung 16: Dokumente in 4 Stapel sortieren bei Postkorb-Übungen

Überprüfen Sie Ihre Einteilung fortlaufend mithilfe von zusätzlichen Fragen, anhand derer Sie während des Gesprächs auch Ihre Entscheidung begründen können (siehe Grafik auf der nächsten Seite).

Oftmals werden Sie gebeten, Ihre Aufzeichnungen abzugeben. Achten Sie deshalb vor allem auf eine gute Struktur, Leserlichkeit und Rechtschreibung.

3. Fortlaufende Überprüfung der Entscheidung

Eigene Aufgaben

1. Warum muß ich diese Aufgabe persönlich wahrnehmen?
2. Warum ist diese Aufgabe so wichtig?
3. Was passiert, wenn dieser Termin verpaßt wird?
4. Wie ist dabei die Interessenlage des Unternehmens?
5. Welche weiteren Schritte ergeben sich aus der Aufgabe?

Delegierte Aufgaben

1. Welche Aufgaben lassen sich an wen delegieren und warum?
2. Wie läßt sich dabei Erfolgs- und Effizienzkontrolle dabei gestalten?
3. Welche weiteren Schritte ergeben sich aus der Aufgabe?

Außerdem gilt für alle Aufgaben:
1.) Sind alle entscheidungsrelevanten Aufgaben berücksichtigt worden?
2.) Welche Konsequenzen haben die Entscheidungen?
3.) Wie sind die Entscheidungen zu klären, rechtfertigen und zu begründen?
4.) Gibt es mögliche Alternativen? (Gerade diese werden oftmals völlig außer Acht gelassen, Termine können unter Umständen auch verschoben werden)

Abbildung 17: Fortlaufende Entscheidung bei Postkorb-Übungen

Beispielaufgabe: Sie leiten erneut eine Autovermietung und planen 30 Minuten vor Geschäftsöffnung den Tag. Ihre Hauptaufgabe ist es den Belegungsplan der Fahrzeuge zu erstellen. Ihre Kunden haben verschiedene Modellklassen gebucht und brauchen die Fahrzeuge unterschiedlich lange. Auf der Reservierungsliste stehen weitere Informationen: Einer Ihrer Stammkunden möchte ein Fahrzeug früher als geplant haben und wiederum ein anderer besteht darauf, immer das gleiche Fahrzeug fahren zu können. Als besonderen Service holen Sie stets jeden Ihrer Kunden direkt von zu Hause ab. Da sich auch heute die einzelnen Termine überschneiden und sich in vergangener Zeit häufig Kunden über Verspätungen beschwert haben, müssen Sie besonders darauf achten, pünktlich zu sein. Unglücklicherweise ist heute nur einer von zwei Fahrern verfügbar und auch sonst ist außer Ihnen kein weiterer Mitarbeiter anwesend. Hinzu kommt, dass Ihre Flotte nicht vollständig und nicht komplett gereinigt ist.

Wichtig bei der Ausarbeitung einer Lösung ist, dass Sie die einzelnen Faktoren nicht als statisch, sondern dynamisch begreifen. So wie die Aufgabe gestellt ist, ist sie in der Tat nicht lösbar. Seien Sie daher kreativ und überlegen sich Alternativen. Sie könnten den Tag folgendermaßen planen: Versuchen

> **squeaker.net-Tipp**
>
> *Zeigen Sie mit Hilfe des Postkorbs, dass Sie das Potenzial für zukünftige Führungsaufgaben besitzen. Scheuen Sie sich nicht, einzelne Aufgaben zu delegieren und Informationen weiterzuleiten oder anzufordern. Dies gilt vor allem bei unklaren Aufgaben.*

Sie an erster Stelle die einzelnen Abholtermine zu entzerren, in dem Sie den ersten Termin (dieser Kunde hatte sich eh über Verspätungen beschwert) nach vorne und die anderen weiter nach hinten legen. Da eine Kundin anstatt von zu Hause auch von Ihrer Arbeitsstelle abgeholt werden kann, ist dies problemlos möglich. Falls Verschiebungen nicht machbar sind, können Sie unter Umständen auch Ihre Kunden gemeinsam abholen lassen. Sie erledigen die Reinigung der Autos selber und delegieren die Aufgabe nicht an den Fahrer. Da Sie nicht genügend Autos von der meistgefragten Modellklasse haben, überlegen Sie, welchen Kunden Sie welches Fahrzeug geben können. Sie entscheiden sich, Ihren Stammkunden die gewohnten Autos zu überlassen, oder Sie mit einem besonderen Rabatt davon zu überzeugen, dass sie doch mal eine andere Klasse ausprobieren sollen. Einer Kundin, die Ihre Mutter samt Rollstuhl transportieren will, machen Sie klar, dass die Fahrt mit einem größeren Auto viel entspannter ablaufen wird.

C. Tools zur Unterstützung

Ein abgeschlossenes Studium bedeutet noch nicht, dass Sie auf die Autoindustrie spezialisiertes Wissen haben und die nötige strukturierte Vorgehensweise beherrschen. Beides sind jedoch Wettbewerbsvorteile im Bewerbungsprozess.

In diesem Kapitel geben wir Ihnen zusätzliches Handwerkszeug, mit dem Sie sich gegenüber anderen Kandidaten absetzen können.

Von Ihnen werden Herangehensweisen und Werkzeuge erwartet, mit denen Sie konkrete Probleme lösen können. Und die im Bewerbungsgespräch gestellten Aufgaben sind je nach Fachbereich sehr unterschiedlich. So lernen Sie im folgenden Abschnitt Tools kennen, mit denen Sie in der Gruppendiskussion auch mit fachfremdem Wissen punkten können.

Als Praktikant und Diplomand können Sie dieses Kapitel sowohl in der Vorbereitung auf Gespräche, als auch während des Praktikums selbst nutzen. Für besonders eilige Leser haben wir zu Beginn jedes Abschnitts eine Übersicht bereitgestellt. Sie zeigt den konkreten Nutzen der Tools für den jeweiligen Bereich: Konstruktion, Forschung & Entwicklung, Produktion, Qualität, Einkauf, Marketing, Logistik und Controlling.

1. Konstruktion

Nutzen:

- Sie werden Konstruktionsarten kennen lernen.
- Eine Systematik für Bewerbungsgespräche hilft Ihnen, einfache technische Gegenstände zu konstruieren.

Jedes Fahrzeug besteht aus ca. 10.000 Bauteilen die alle individuell konstruiert werden mussten. Einzelne Konstruktionsmethodiken für entsprechende Bauteile zu beschreiben, würde hier deutlich den Rahmen sprengen. Um aber trotzdem über die Möglichkeiten der Konstruktion Bescheid zu wissen, eignet sich nachfolgende Systematik, die vier Ansätze unterscheidet. Die Prozentangabe in Klammern gibt an, wie häufig die jeweilige Konstruktionsart anzutreffen ist.

1.) Neukonstruktion (20 Prozent)

Es wird ein neues Lösungsprinzip erarbeitet. Dabei können die Anforderungen an das Bauteil entweder gleich, verändert oder ebenfalls neu sein. Beispiele hierfür sind die Anwendung von Aluminiumdruckgussverfahren oder aber die Konstruktion von Hybridmotoren.

2.) Anpassungskonstruktion (50 - 60 Prozent)

Ein bekanntes System wird an veränderte Anforderungen angepasst. Dies können Mängelbeseitigung, Berücksichtung neuer Sicherheitsstandards oder neue Umweltbestimmungen sein. Das Lösungsprinzip der Bauteile bleibt dabei gleich.

3.) Variantenkonstruktion (20 - 30 Prozent)

Hier wird die Größe und/oder die Anordnung innerhalb von bestehenden Bauteilen verändert. Grundsätzlich bleibt das Funktions- und Lösungsprinzip erhalten. Diese Art der Konstruktion wird bei Teilefamilien angewendet.

4.) Prinzipkonstruktion (<10 Prozent)

Hierbei wird ein bestehendes Konstruktionsprinzip auf ein neues Bauteil angewendet.

Eine der häufigsten Fragen in diesem Bereich an Bewerber ist: Wie würden Sie bei der Konstruktion dieses Gegenstandes vorgehen? Erfinden Sie bei dieser Aufgabe nicht das Rad neu. Zeigen Sie, dass Sie in der Lage sind, komplexe Sachverhalte zu strukturieren und systematische Lösungsansätze zu erarbeiten. Als Systematik empfiehlt sich dabei die Konstruktionsrichtlinie VDI 2221. Die Richtlinie, welche wir hier verknappt vorstellen, bestehen aus sieben Schritten.

Beachten Sie, dass die Konstruktion durch die Gestaltung der Produktmerkmale im entscheidenden Maße zur Festlegung der Herstellungskosten beiträgt. Schätzungen gehen davon aus, dass 70 Prozent der Kosten bereits in diesem Entwicklungsschritt festgelegt werden. Achten Sie deshalb darauf, dass Sie nicht in die Falle des »Over-Engineering« geraten und Ihren Gegenstand mit Merkmalen ausstatten, die mit der eigentlichen Funktion nichts zu tun haben. Machen Sie sich ebenfalls deutlich, dass bei kurzer Produktlebensdauer nicht alleine die Kosten, sondern vielmehr kurze Entwicklungszeiten entscheidend sind. Darüber hinaus spielen neben den Kosten und der Zeit vor allem noch die Qualität und die Umwelt eine Rolle.

In einem ersten Schritt präzisieren Sie Ihre Aufgabenstellung. Nehmen Sie an, Sie wurden mit der Konstruktion eines Rasenmähers beauftragt. Fragen Sie sich, welche Eigenschaften Ihr Rasenmäher aufweisen soll. Erstellen Sie eine Anforderungsliste mit den Merkmalen, die auf jeden Fall enthalten sein sollen. Mögliche Anforderungen könnten sein: Sicherheit, Komfort, Handhabbarkeit und Kaufpreis. Dazu gehört in der Praxis das Lasten- und Pflichtenheft, welches bei der Planung nie fehlen darf. Das Lastenheft beschreibt Anforderungen, Erwartungen und Wünsche. Es sagt aus, was und wofür welches Merkmal wichtig ist. Im Pflichtenheft wird dann detailliert festgelegt, wie und womit die im Lastenheft festgelegten Produktmerkmale umgesetzt werden. Bezogen auf die Sicherheitsanforderung könnte die Umsetzung mit einer Art Bewegungssensor erfolgen, der den Mäher bei Widerstand automatisch abschaltet. Denkbar wäre auch ein kabelloser Betrieb des Mähers. Berücksichtigen Sie bei Ihrer Formulierung Kundenanforderungen, unternehmensinterne Anforderungen (Welche Technologien stehen mir zu Verfügung?) und unternehmensexterne Anforderungen (Welche Gesetze und Restriktionen gibt es?).

Der zweite Schritt umfasst die Ermittlung von Funktionen und deren Strukturen. Fragen Sie sich, wie Sie Ihre Anforderungen in technischen Funktionen ausdrücken können. Im Falle des Rasenmähers überlegen Sie, welche Funktionen notwendig sind, um den Rasen kurz zu schneiden und das Gras einzusammeln. Keine Sorge, von Ihnen wird keine ausgefeilte Konstruktionszeichnung erwartet! Denken Sie darüber nach, in welcher Reihenfolge die Funktionen ausgeführt werden sollen.

Danach überlegen Sie in einem dritten Schritt, wie die Funktionen technisch umgesetzt werden sollen. Sie suchen also nach Lösungs- bzw. Wirkprinzipien. Bezogen auf den Rasenmäher könnte das geschnittene Gras auf drei unterschiedliche Arten in den Behälter transportiert werden:

Kehrschaufelprinzip I:
entgegen Schieberichtung

Kehrschaufelprinzip II:
in Schieberichtung

Überwerferprinzip

Abbildung 18: Wirkungsprinzipien eines Rasenmähers

Stellen Sie in einem nächsten Schritt die jeweiligen Vor- und Nachteile Ihrer Möglichkeiten zusammen. In Falle des Rasenmähers würden Sie sich wahrscheinlich für die erste Variante entscheiden: Die geringe Schiebkraft bewirkt einen geringeren Leistungsbedarf und verschleißt die Walzen weniger schnell.

Der vierte Schritt umfasst die Gestaltung mit Hilfe realisierbarer Einzelmodule. Dabei überlegen Sie sich, wie Ihre einzelnen Teile im Ganzen etwa aussehen könnten. Skizzieren Sie ruhig einzelne Teile, um Ihre Lösung zu veranschaulichen. Danach fügen Sie in einem fünften Schritt sämtliche Module zusammen und klären, wie der fertige Gegenstand aussehen könnte. Trauen Sie sich ruhig, verschiedene Alternativen anzudenken.

Mit der Gestaltung eines Gesamtentwurfes beschäftigen Sie sich im sechsten Schritt. Wägen Sie dazu Ihre Alternativen und Entwürfe aus Schritt fünf gegeneinander ab und entscheiden Sie sich für eine der Varianten. Klar wäre ein dreieckiges Gehäuse denkbar, aber wirklich Platz sparend und handlich ist es nicht. In diesem Schritt sollten Sie eine genaue Vorstellung von Ihrem Gegenstand haben und nochmals prüfen, ob er auch wirklich funktionstüchtig ist. Im siebten und letzten Schritt würden Sie dann eine detaillierte Dokumentation Ihrer Entwürfe ausarbeiten und erste Prototypen bauen lassen.

Weisen Sie bei Beantwortung Ihrer Aufgabe auf das Konzept des »Simultaneous Engineering« hin. Es wird vor allem zwischen den Schritten der Produktentwicklung und der Produktionsplanung angewendet. Früher waren diese beiden Bereiche strikt voneinander getrennt. Heute wird schon bei der ersten vorläufigen Version damit begonnen, die Produktionskapazitäten zu planen. Die Entwicklung läuft dann parallel weiter. Die Vorteile dafür liegen auf der Hand: Neben der Zeitersparnis können Konstruktionsfehler früher aufgedeckt werden. Je später diese ans Licht kommen, desto teurer werden eventuelle Änderungen.

Wir möchten an dieser Stelle auf die Vorstellung von computergestützten Konstruktionsprogrammen verzichten. Es würde den Rahmen deutlich sprengen. In der Vorstellung der Unternehmensbereiche haben wir bei den Anforderungen einzelne Programme genannt. Als Bewerber wird von Ihnen lediglich erwartet, dass Sie die Begriffe schon einmal gehört haben und eventuell über Anfängerkenntnisse verfügen.

Bevor wir das Kapitel abschließen, möchten wir noch auf Explosionszeichnungen hinweisen. Bewerber erzählten uns, dass sie solche Zeichnungen vorgelegt bekommen haben und gebeten wurden, etwas darüber zu erzählen. Explosionszeichnungen stellen Gegenstände perspektivisch und in sämtliche Einzelteile zerlegt dar. Die einzelnen Bauteile sind räumlich voneinander getrennt und sehen tatsächlich so aus, als ob sie voneinander abgesprengt worden seien. Dadurch wird sehr gut deutlich, wie einzelne Bauteile zueinander angeordnet sind und in welchem Größenverhältnis sie zueinander stehen.

2. Forschung & Entwicklung

Nutzen:

- Sie werden die vier Phasen des Technologiemanagements erklären können. Dadurch bekommen Sie einen genaueren Blick dafür, wie mit Technologie in Unternehmen umgegangen wird.
- Sie lernen, wie Sie Technologien grob nach deren Lebenszyklus einordnen können. Dies hilft Ihnen, eine fundierte Meinung im Gespräch ausdrücken.

Die vier Phasen des Technologiemanagements

Welche Technologien tragen zu den Wettbewerbsvorteilen des Unternehmens bei? Die Beantwortung dieser Frage wird mithilfe eines Technologiemanagementprozesses vorgenommen, der sich in vier Phasen einteilt:

1.) Erkennung

In der ersten Phase der Technologiefrüherkennung werden Produkt- und Prozessideen gewonnen und Konzepte entwickelt. Dabei erfolgt eine erste Selektion, die nur besonders Erfolg versprechende Projekte in die nächste Phase transferiert. Ziel dabei ist es, schneller als Mitbewerber alte Technologien abzustoßen und auf neue zu reagieren.

2.) Bewertung

Diese werden in einer zweiten Phase der Technologiebewertung näher auf ihre strategische Bedeutung analysiert. Auch nach dieser Phase wird entschieden, ob die Projekte weiter verfolgt werden sollen (»Go« oder »No-Go«).

3.) Planung

Die dritte Phase der Technologieplanung legt fest, welche Technologien zu welcher Zeit bei welchen Produkten eingesetzt werden. Ein so genannter Technologiekalender ordnet die Technologien den Produkten zu.

4.) Verwertung

In der vierten Phase der Technologieverwertung findet dann die operative Umsetzung statt.

Durch die Kenntnis der vier Phasen haben Sie als Bewerber eine gute Grundlage für ein fundiertes Gespräch über Ihre Stelle in der F&E. In jeder der Phasen gibt es einen unterschiedlichen Blick auf Technologie. Mit welcher Arbeit werden Sie zu tun haben? Welche Art von Arbeit liegt Ihnen am meisten? Überprüfen Sie dies in Ihrem Praktikum.

Bewertung anhand des Technologiezyklus

Für Sie als Bewerber ist vor allem die zweite Phase der Technologiebewertung wichtig. Im Gespräch und im Praktikum wird Ihre Entscheidungsfreudigkeit geprüft. Hier haben Sie eine schwierige Aufgabe zu meistern, weil Sie vor allem im Gespräch dies nicht ausgiebig tun können. Entscheidend für Ihre Antwort ist der Technologiezyklus.

Klassisch können Sie von einem Zyklusmodell ausgehen, welches fünf zeitliche Technologiephasen unterscheidet: Grundlagenforschung, Entstehung, Wachstum, Reife, Alter. Entsprechend unterscheiden wir fünf Technologietypen: Zukunftstechnologie, Schrittmachertechnologie, Schlüsseltechnologie, Basistechnologie und verdrängte Technologie.

Die folgende Grafik zeigt Technologietypen, die für Unternehmen Wettbewerbsvorteile bedeuten:

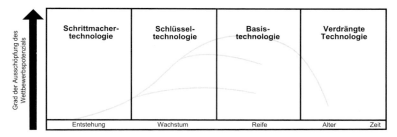

Abbildung 19: Technologietypen und deren Wettbewerbsvorteile

Falls Sie ein Gespräch über Technologie führen und Sie um Ihre Meinung gebeten werden, sollten Sie als erstes herausfinden, um welche der fünf Technologietypen es sich handelt. Die Marktfähigkeit und ökonomische Relevanz fängt mit den Schrittmachertechnologien an.

1.) Zukunftstechnologie

Zukunftstechnologien haben das Stadium der Grundlagenforschung nicht verlassen und stecken in den Kinderschuhen. Daher sind noch keine konkreten Aussagen über Realisierbarkeit und vor allem Wettbewerbsvorteile gegenüber Mitbewerbern möglich. Beispiele für eine Zukunftstechnologie wären (Glas)faser- oder zellulare Verbundwerkstoffe, beispielsweise ein Mineralschaum-Verbundwerkstoff. Dieser zeichnet sich vor allem durch sein geringes Gewicht, günstiges Energieabsorptionsvermögen und niedrige Werkstoffkosten aus. Möglich wäre es, diesen Werkstoff als Strukturbauteil im Bereich des Kopfaufpralls auf die Motorhaube oder als Leichtbau-Versteifungselemente für den Seitencrash einzusetzen. Bis dieser Werkstoff tatsächlich eingesetzt wird, sind jedoch noch nachfolgende Reifestadien notwendig.

2.) Schrittmachertechnologie

Schrittmachertechnologien befinden sich in einem frühen Entwicklungsstadium, da die technische Leistungsfähigkeit noch mit Unsicherheiten behaftet ist. Es besteht aber durchaus eine Chance, dass die Technologie sich künftig im Markt durchsetzen und Wettbewerbsvorteile für das Unternehmen bringen wird.

3.) Schlüsseltechnologie

Im Gegensatz dazu etablieren sich Schlüsseltechnologien bereits am Markt. Sie verschaffen dem Unternehmen Wettbewerbsvorteile, da sie bis jetzt noch nicht flächendeckend angewendet werden und dadurch über Differenzierungspotenzial verfügen. Unternehmen können sich also gegenüber Mitbewerbern abheben, da diese nicht über die gleiche Technologie verfügen. Schlüsseltechnologien haben bereits das Entwicklungsstadium von Produkt- und Prozessinnovationen erreicht.

Ein Beispiel für eine Schrittmachertechnologie, die auf dem Weg zur Schlüsseltechnologie ist, wäre das Wireless Local Danger Warning System (WLDWS). Es wurde bereits, mit allen Kinderkrankheiten, 2000 entwickelt und seitdem weiterentwickelt. Dieses System erkennt unvorhersehbare und gefährliche Situationen im Straßenverkehr. Mit Hilfe von speziellen Sensoren werden über ein mobiles Netzwerk Warnmeldungen zwischen nahe gelegenen Fahrzeugen ausgetauscht und dadurch Unfälle verhindert. Die Technologie verfügt über großes Entwicklungspotenzial sowohl im Prozess- als auch im Produktbereich und wird zurzeit intensiv erforscht. Plänen der EU-Kommission zufolge soll mit Hilfe des WLDWS bis 2010 die Zahl der Unfalltoten auf europäischen Straßen um 50 Prozent gesenkt werden. Dies bedeutet aber, dass zunächst eine Weiterentwicklung zur Basistechnologie notwendig wäre.

4.) Basistechnologie

Basistechnologien sind bereits ausgereift und bieten daher nur noch wenig Entwicklungspotenzial. Sie sind im Markt etabliert und werden von allen Mitbewerbern standardisiert angewendet. Es ist daher keine Differenzierung mehr möglich. Mithilfe von Basistechnologien lassen sich keine relevanten Wettbewerbsvorteile mehr erzielen. Ein Beispiel dafür wäre die elektronische

Einparkhilfe, die in den meisten größeren Fahrzeugen bereits serienmäßig eingebaut ist.

5.) Verdrängte Technologie

Verdrängte Technologien sind im Begriff, vom Markt zu verschwinden, da diese durch Substitutionstechnologien abgelöst werden. Als Beispiel hierfür gilt das Halogenlicht, welches sukzessive durch Xenonlicht ersetzt wird und in ein paar Jahren völlig von Markt verschwunden sein wird.

> **squeaker.net-Tipp**
>
> *Behalten Sie bei Ihren Ausführungen das Tool »Produktlebenszyklus« aus dem Bereich Marketing im Kopf. Dadurch sind Sie auch für verwandte Marketingthemen gewappnet.*

Es kann sein, dass sich Ihr Gegenüber mit einer Zuordnung in eine der Kategorien zufrieden zeigt, vor allem wenn Sie Ihre Entscheidung gut begründen können. Falls weitere Fragen kommen, dann hilft Ihnen die Erinnerung an einen der folgenden Indikatoren weiter:

Indikatoren	Schrittmacher-technologie	Schlüssel-technologie	Basis-technologie	Verdrängte Technologie
Unsicherheit über technische Verfügbarkeit	hoch	mittel	niedrig	sehr niedrig
Investitionen in Technologieentwicklung	niedrig	maximal	niedrig	vernachlässigbar
Breite der potenziellen Einsatzgebiete	unbekannt	groß	etabliert	abnehmend
Typ der Entwicklungs-anforderung	wissenschaftlich	Anwendungs-orientiert maximal	Anwendungs-orientiert marginal	kostenorientiert
Auswirkungen auf Kosten/Leistungs-Verhältnis	sekundär	hoch, produktbezogen	abnehmend	marginal
Zahl und Typ der Patente	zunehmend Konzeptpatente	Personal	Verfahrens-bezogene Lizenzen	
Zugangsbarrieren	Wissenschaftliche Fähigkeiten	Resturukturierung	marktorientiert	Knowhow
Verfügbarkeit	sehr beschränkt			hoch

Abbildung 20: Indikatoren der Technologien

Im Gespräch sollten Sie Investitionen in Schlüsseltechnologien empfehlen. Verstehen Sie die Argumente aus der Tabelle und bringen Sie diese positiv für sich ein.

Jedes Unternehmen hat seine Technologieschwerpunkte, die in den Produkten des Unternehmens unterschiedlich ausgeprägt sind. Es ist besonders für Maschinenbauer von Vorteil, sich vor dem Gespräch mit der so genannten Produkt-DNA beschäftigt zu haben. Besonders Gesprächspartner, die an technisch anspruchsvollen Oberklasse-Produkten arbeiten, werden mit Ihnen über technologische Finessen reden wollen.

3. Produktionssysteme

Nutzen:

- Wie werden Produkte erfolgreich hergestellt? Dazu werden Sie Begriffe kennen lernen, die Sie aktiv ins Gespräch einbringen können.
- Sie lernen Kriterien kennen, anhand derer Sie Fertigungssysteme bewerten können.
- Stellen Sie mit Ihrem Gegenüber fest, welche Fertigungsformen bei Ihrem möglichen Arbeitgeber vorhanden sind. Was passiert in dem Bereich, wo Ihr Gegenüber angesiedelt ist?
- Stellen Sie mit Ihrem Gegenüber fest, welche Stückzahlen die (unterschiedlichen) Produkte haben. Welche Besonderheiten für die Produktion sieht Ihr Gegenüber damit verbunden? Was ist Ihre Meinung?
- Falls Sie auf das Toyota Production System angesprochen werden, werden Sie ausreichend antworten können, indem Sie die acht Elemente des Systems skizzieren.
- In »Extras« lernen Sie Tools zu den Themen Qualität, Einkauf, Logistik und Marketing kennen.

Die sieben Bewertungskriterien für Fertigungssysteme

Oftmals werden Bewerber gefragt, nach welchen Entscheidungskriterien ein Fertigungssystem gewählt werden soll. Eine passende Antwort können Sie geben, wenn Sie die nachfolgenden sieben Kriterien anführen:

1.) Auflagengröße
2.) Konstanz der Fertigungsabläufe
3.) Vorbereitungsgrad der Fertigung

4.) Flexibilität der Werkzeuge
5.) Automatisierungsgrad der Werkzeuge
6.) Wiederholhäufigkeit
7.) (Kunden-)Auftragsbezug

Sehr oft gelten bei der Herstellung von Produkten weltweite Standards für bestimmte Bereiche. In solchen Fällen gibt es nur eine Handvoll Fabriken weltweit, die ein bestimmtes Produkt herstellen und erfolgreich nach denselben Kriterien fertigen können. Zeigen Sie Ihrem Gegenüber, dass Ihnen dieses Faktum bewusst ist.

Zusätzlich gibt es in der Wichtigkeit der Kriterien eine zeitliche Dynamik. In den letzten Jahren fand in der Produktion ein Paradigmenwechsel statt. Ehemals hatte die Massenfertigung für den anonymen Markt einen hohen Anteil am gesamten Produktionsvolumen. Die geänderten Rahmenbedingungen können Sie im ersten Kapitel nachlesen. Für die Produktion bedeutet dies vor allem Folgendes: Der Anspruch an die Flexibilität steigt, da immer häufiger kleine Serien einen schnelleren Produktwechsel erfordern. Gleichzeitig wird die Produktionssteuerung aufgrund der Variantenvielfalt der Modelle immer aufwendiger. Dies gilt auch für die Terminsteuerung, die bestrebt ist, kürzere Liefertermine und Durchlaufzeiten zu erreichen.

Die vier Organisationsformen in der Fertigung

Wenn Ihr Gegenüber mehr weiß als Sie, ist es besonders klug nachzufragen. Verschaffen Sie sich einen Überblick über die Organisation der Fertigung bei Ihrem möglichen Arbeitgeber und zeigen Sie Interesse an dem Bereich, den Ihr Gegenüber vertritt.

Generell wird in der Produktion zwischen beweglichen und unbeweglichen Erzeugnissen unterschieden. Bewegliche Erzeugnisse werden entweder in Werkstatt-, Fließ- und/oder Gruppenfertigung erstellt. Die Baustellenfertigung wird bei unbeweglichen Erzeugnissen wie etwa im Anlagenbau benutzt. Im Folgenden werden die einzelnen Organisationsformen vorgestellt und auf Vor- und Nachteile eingegangen:

1.) Werkstattfertigung

Hierbei werden einzelne Arbeitsschritte nach den Funktionen gegliedert. Dabei sind gleichartige Maschinen räumlich konzentriert und die Fertigungsaufträge durchlaufen gemäß dem Arbeitsplan mehrere Werkstätten. Vorteile der Werkstattfertigung sind: hohe Flexibilität, geringe Umstellzeiten und -kosten, große Handlungs- und Entscheidungsspielräume der Arbeitskräfte und relativ geringe Fixkostenbelastung. Zu den Nachteilen zählen hohe Transportkosten, Zwischenlagerbildung, lange Durchlaufzeiten und schwierige Fertigungsplanung.

2.) Fließfertigung

Hierbei erfolgt die Gliederung nach den Erzeugnissen. Die Anordnung stimmt dabei mit der Fertigungsfolge überein. Es wird ein kontinuierlicher Fertigungsfluss durch eine zeitliche Abstimmung der Taktzeiten erreicht. Die Erzeugnisse durchlaufen die Produktionsstrasse möglichst ohne Unterbrechung oder Zwischentransporte. Die Vorteile dieser Art: geringe Durchlaufzeiten, hohe Spezialisierung und Arbeitsteilung, niedrige Transportkosten und geringe Fertigungssteuerung. Nachteile sind unter anderem: hohe Störungsanfälligkeit, Monotonie und geringer Handlungsspielraum für Arbeitskräfte sowie ein hoher Kapitalbedarf.

3.) Gruppenfertigung

Da es nicht immer möglich ist, ein Bauteil in Fließfertigung zu produzieren, werden immer häufiger Fertigungsverfahren kombiniert. Verschiedene Betriebsmittel werden zu Funktionsgruppen, Bearbeitungszentren, Fertigungs- oder Montageinseln zusammengefasst. Es werden vom Takt unabhängige Einzelarbeitsplätze geschaffen und Monteure mit einem erweiterten Entscheidungsfreiraum ausgestattet. Im Gegensatz zu der Werkstattfertigung werden die Transportzeiten deutlich reduziert. Vorteile gegenüber der Fließfertigung liegen in einer gesteigerten Flexibilität.

4.) Baustellenfertigung

Obwohl dieser Typ in der Automobilindustrie seltener vorkommt, soll er der Vollständigkeit halber vorgestellt werden. Hierbei bewegen sich nicht die

Bauteile, sondern die Werkzeuge und die Arbeitskräfte. Diese Form findet sich vor allem im Anlagenbau. Besonders bei der Planung der Baustelleneinrichtung, der Transportkette und der technologischen Reihenfolge können hierbei Probleme auftreten.

Fertigungsformen und Stückzahlen

Sie werden im Gespräch feststellen, dass Produktionsleute besonders stolz auf das von Ihnen Erreichte sind. Sie werden dazu viele Zahlen hören - dabei sind die Stückzahlen am wichtigsten.

Je nachdem wie groß die Stückzahlen der Produktion sind, wird zwischen Einzel-, Chargen-, Serien-, Sorten- und Massenfertigung unterschieden. Auch diese sollen kurz mit ihren Besonderheiten vorgestellt werden.

1) Einzelfertigung

Wie der Name schon sagt, werden hierbei Fahrzeuge im Extremfall nur ein einziges Mal hergestellt. Die Produktion erfolgt ausschließlich auf Bestellung. Besonderheiten dabei sind ein hoher Vorbereitungsgrad der Fertigung und geringe Rationalisierungsmöglichkeiten.

2.) Massenfertigung

Hierbei werden große Stückzahlen mit häufiger Prozesswiederholung produziert. Die Mengen werden für den anonymen Markt gefertigt und die Produktion erstreckt sich auf einen langen Zeitraum. Die Besonderheit dabei ist, dass niedrige Stückkosten durch Kostendegressionen erreicht werden können. Veränderungen in der Produktion sind mit einem hohen Anpassungsaufwand verbunden. Analog wird für die Massenfertigung auch der Begriff des »Fordismus« verwendet. Henry Ford prägte damals diesen Ansatz mit seinem berühmten Zitat: »Sie können ein Auto in jeder Farbe haben, solange diese schwarz ist.«

3.) Sortenfertigung

Dies ist eine Variante der Massenfertigung. Es werden vor allem technisch identische Produkte gefertigt. Ein Beispiel dafür wären Zündkerzen. Durch die Sortenfertigung werden Rationalisierungseffekte durch Normungen und optimale Losgrößen erreicht.

4.) Serienfertigung

Darunter versteht man die einmalige Fertigung einer bestimmten Stückzahl. Es werden vorwiegend kleine bis mittelgroße Lose gefertigt, die einzelne Variationen im Teilespektrum aufweisen könnten. Die Erzeugnisse unterscheiden sich also. Besonderheiten dabei sind: Rationalisierungseffekte durch Normung, optimale Losgrößen und hohe Bedeutung der Umrüstzeiten und –kosten.

5.) Chargenfertigung

Obwohl die Fertigungsabläufe einheitlich sind, können qualitative Unterschiede zwischen den Fertigungslosen entstehen. Die Chargenfertigung ist eine Sonderform der Sorten- und Serienform und findet vor allem in der Herstellung von Lack oder Kleber Anwendung. Durch wechselnde Produktionsbedingungen können ungewollte Produktdifferenzierungen entstehen.

Das Toyota Produktionssystem (TPS)

Eines der wohl berühmtesten Fertigungssysteme ist das Produktionssystem von Toyota. Es gilt weltweit als Benchmark und wird dementsprechend oft kopiert – teilweise mit wenig Erfolg. Wir möchten es Ihnen vorstellen, da es oftmals Gegenstand von Bewerbungsgesprächen ist. Fast jedes Unternehmen hat Elemente des TPS umgesetzt, und das auf die eigene Art und Weise. Das so genannte Lean Management ist beispielsweise aus der Studie des TPS am Anfang der 90er Jahre entstanden. Kerngedanke dabei ist die Verringerung der Produktionstiefe je Produktionsschritt. Interessanterweise wurde das System Mitte der 50er Jahre aus der Not heraus geboren. Toyota steckte in einer Krise, das Unternehmen produzierte nur kleine Stückzahlen und konnte mit der internationalen Massenproduktion nicht mithalten. Zusätzlich fehlte Geld für Investitionen. Anstatt eine große Pressstraße zu bauen, verzahnte Toyota alle Produktionsschritte miteinander. Dadurch konnten Durchlaufzeiten und Fehlerquoten erheblich reduziert werden. Hinzu kamen deutliche Kostensenkungen.

Das TPS zeichnet sich durch acht Merkmale aus, die nacheinander vorgestellt werden sollen. Welches der Merkmale wurde bei Ihrem möglichen Arbeitgeber wie umgesetzt?

1.) Bedarfsglättung

Hierbei wird versucht, die sich ändernden Fertigungsmengen so gut wie möglich konstant zu halten. Dies bedeutet, dass die Nachfrage innerhalb einer Produktionsphase künstlich geglättet wird. Es werden damit stabile Arbeitsbedingungen geschaffen. Vorraussetzungen dafür sind: eine synchronisierte Lieferkette (Stichwort »Just-in-Sequence«), stabiler Kapazitätsbedarf, hohe Auslastung, Entkoppelung kurzfristiger Bedarfsschwankungen und das Setzen von Standards.

2.) Prozesssynchronisation

Diese bildet die Grundlage für die Kapazitätsauslastung. Die Taktzeit (Gesamtzeit der Produktion dividiert durch die gesamte Kundennachfrage der Periode) hilft bei der Optimierung des Materialflusses und der Just-in-Time-Anlieferung an den Kunden. Dadurch, dass die Produktionsgeschwindigkeit und die Nachfragerate aufeinander abgestimmt werden, wird das Risiko der Überproduktion gemindert. Es werden einzelne Prozesse in ihrer Leistung angeglichen. Jeder einzelne Schritt hat dann in etwa die gleiche Zykluszeit. So wird der Kapazitätsbedarf abgestimmt und die Auslastung optimiert.

3.) Autonome Materialsteuerung

Dieses Pull-Prinzip orientiert sich ausschließlich am Bedarf einer verbrauchenden Stelle im Produktionsablauf. Die benötigten Bauteile werden beim Pufferlager des vorgelagerten Prozessschrittes entnommen. Dies geschieht zur richtigen Zeit und in der richtigen Menge. Wird ein Mindestbestand erreicht, so wird der Nachschub mit einer so genannten Kanban-Karte geordert. Es können kleine Losgrößen in minimaler Durchlaufzeit produziert werden.

4.) Gruppenarbeit

Dieses Konzept ist dem Konzept »Gruppenfertigung« ähnlich, welches bereits als eines von vier Fertigungsformen erläutert wurde.

5.) Lean Automation

Durch die Vermeidung von Leerwegen und langen Transportzeiten wird bei diesem Prinzip die Nutzung der Anlagen maximiert. Zusätzlich dazu sollten die Maschinen- und Produktgrößen in preislicher Relation zueinander stehen und Umrüstvorgänge einfach und schnell möglich sein (etwa durch Schnellspannvorrichtungen). Fehler werden sofort erkannt und Anlagen können sich bei Störungen schnell abschalten lassen. Wichtig ist auch, dass diese, wie weiter oben beschrieben, synchron arbeiten. Alle einzelnen Faktoren dienen dazu, auftretende Probleme in der Produktion schnell zu ermitteln und zu beheben. Dadurch wird die Zuverlässigkeit verbessert und die Produktivität erhöht.

6.) Fehlersicheres Arbeiten

Dazu wird das Konzept des Poka Yoke genutzt. Darunter wird die Nutzung von »Fail-Safe« Einrichtungen verstanden, die vor Fehleranwendungen schützen. Beispielsweise lassen sich Werkstücke nur in einer bestimmten Reihenfolge in die Maschinen einlegen. Es wird also verhindert, dass durch Unaufmerksamkeit, Vertauschen oder Stress ein Fehler am Produkt entsteht.

7.) Die sieben Arten der Verschwendung (Muda)

Sie kommen ursprünglich aus dem Lean Management und wurden im Rahmen des TPS weiterentwickelt. Ziel dabei ist es, den Prozess zu optimieren und effizient zu arbeiten. Vermieden werden sollen vor allem: Überproduktion, unnötige Bewegungen in der Produktion, lange Transportzeiten und Bearbeitung, hohe Lagerbestände und Nachtarbeit.

8.) Visuelles Management zur Steuerung und Führung

Dies beinhaltet sowohl die Informationsvermittlung, die Kommunikation von Standards und Vorgehensweisen als auch die visuelle Gestaltung der Arbeitsplätze und Prozesse. Im Rahmen der Informationsvermittlung soll das

---

squeaker.net-Tipp

Beachten Sie die enge Verknüpfung zu den erwähnten Tools für die Bereiche Qualität, Einkauf, Logistik, Marketing und Marktsegmentierung - hier sollten Sie nur grob einschätzen können, in welchen Märkten die Produkte Ihres möglichen Arbeitgebers zum Einsatz kommen.

aktive Mitdenken der Mitarbeiter gefördert werden. Eine explizite Wissensdokumentation der arbeitsrelevanten Informationen findet durch die Kommunikation von Standards und Vorgehensweisen statt. Je übersichtlicher die Arbeitsplätze und Prozesse gestaltet sind, desto eher lassen sich Abweichungen vom Soll-Zustand erkennen.

4. Qualität

Mit dem Thema Qualität werden Bewerber an unterschiedlichen Positionen im Unternehmen konfrontiert. Die Kosten für Fehlerkorrekturen im Laufe der einzelnen Produktionsschritte steigen exponentiell und deswegen ist es umso wichtiger, diese möglichst früh zu entdecken. Die folgende Grafik zeigt die Fehlerkosten und Produktionsschritte. Diese können Sie skizzieren, falls Sie nach der Bedeutung von Qualität gefragt werden.

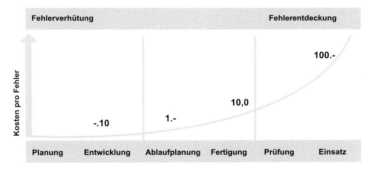

Abbildung 21: Fehlerkosten und Produktionsschritte

Als übergreifendes Thema müssen Sie »Qualität« als vielfältigen Begriff verstehen:

Mit dem Qualitätsaudit (QM) werden Sie Anwendungsgebiete kennen lernen, um im Gespräch Ihrem Gegenüber zeigen zu können, wie Sie an das Thema herangehen würden. Mit den Prinzipien des Total Quality Management (TQM) bekommen Sie ein paar Ideen, falls Sie nach konkreten Ansätzen gefragt werden, wodurch Qualität verbessert werden kann. Sollten Sie nach Schwachstellen von Produkten oder Systemen gefragt werden, können Sie sich an der

Fehlermöglichkeits- und Einflussanalyse (FMEA) orientieren. Falls Sie einen Prozess oder ein Produkt verbessern sollen, nutzen Sie die Methode der Wertanalyse.

Qualitätsaudits

Nutzen:

- Das Qualitätsaudit ist ein sehr umfassendes Tool, um Qualitätsprobleme zu erkennen, Verbesserungsideen zu generieren, diese umzusetzen und zu kontrollieren.
- Hier bekommen Sie grobe Kenntnisse der drei Hauptarten von Qualitätsaudits vermittelt und können dadurch im Gespräch die Ziele und Anwendungsgebiete beschreiben. Falls Sie sich im Praktikum mit den Anwendungsgebieten des QM beschäftigen, bekommen Sie hier Tools, wie etwa ein internes Systemaudit, an die Hand geliefert.
- Zusätzlich erhalten Sie Infos zur Wichtigkeit der Audits und lernen Quellen für unterschiedliche Qualitätsanforderungen in der Branche kennen.

Drei Arten von Qualitätsaudits und Ihre Anwendungsgebiete

Unterschieden werden System-, Verfahrens- oder Produktaudits. Diese können intern und extern durchgeführt werden.

Im Systemaudit wird die Wirksamkeit und Anwendung von eingeführten QM-Systemen überprüft. Mit in die Bewertung fließt die Betrachtung von QM-Handbüchern, Qualitätsaufzeichnungen, Auftragsunterlagen und Prüfberichten ein.

Das Verfahrensaudit bewertet die Wirksamkeit von Verfahren und Prozessen des Unternehmens. Untersucht wird, ob sich noch Leistungssteigerungen realisieren lassen. Betrachtet werden Verfahrensanweisungen, Richtlinien, die Prozessfähigkeit von Geräten und Anforderungen an die Personalqualifikation.

Die Überprüfung von Produkteigenschaften wie Sicherheit, Haltbarkeit, Recycling, Materialeinsatz, Verpackung und Lagerung findet im Produktaudit statt.

Audits tragen somit zur Fehlerverhütung und –entdeckung bei.

Wichtigkeit der Audits

Mit dem Audit lassen sich im Prozess sehr unterschiedliche Qualitätsforderungen erfassen. Das ist für eine Industrie mit besonders vielen Auflagen, vielen unternehmenseigenen Qualitätszielen sowie diversen vertraglichen Vereinbarungen (besonders in Hersteller-Lieferanten-Beziehungen) besonders wichtig. Unsicherheiten aus diesen Beziehungen werden sehr oft über externe Audits geregelt, von denen man sich eine höhere Transparenz verspricht.

Qualitätsaudits sollen Schwachstellen identifizieren und darüber hinaus zu Verbesserungen führen. Sie dienen zur Kontrolle der bisher eingeleiteten, und zur Festlegung von neuen QM-Maßnahmen. Unternehmen, die nach ISO 9000 zertifiziert sind, müssen in bestimmten Abständen interne Audits durchlaufen. Wichtig im Rahmen von Audits ist vor allem die Identifikation von Schwachstellen, da 75 Prozent der Fehler in der Entwicklung und Produktion von Bauteilen entstehen.

Qualitätsanforderungen

Im Rahmen des QM finden neben den ISO-Normen noch drei weitere spezielle Regelwerke der Automobilbranche Anwendung. Die ISO–Normen enthalten allgemeingültige Richtlinien und Empfehlungen für das Qualitätsmanagement. Daneben hat der Verband der Automobilindustrie mit seinem VDA 6.1 einen Branchenstandard geschaffen. Die Regeln rund um QS-9000 geben den Standard der amerikanischen Automobilbranche wieder und die ISO/TS 16949 Norm behandelt internationale Anforderungen bei Anwendung der ISO 90001:2000 für Zulieferer.

Total Quality Management / Kaizen

Die Fragen »Was ist TQM, was ist Kaizen?« sind Trickfragen an viele Bewerber. Das Total Quality Management (TQM) steht für einen ganzheitlichen, systematischen Ansatz, Qualität in einem Unternehmen zu betrachten und umzusetzen. Viele sehen Kaizen als einen Bestandteil des TQM, welches den kontinuierlichen Prozess schrittweiser Qualitätsverbesserungen dabei heraushebt. Auch ist eine Nähe zum Kanban und Lean Management festzustellen. Unter TQM/Kaizen lassen sich viele unterschiedliche Methoden subsumieren, die alle eines gemeinsam haben: Mit einer Auswahl von ihnen lässt sich systematisch das Ziel Qualität verfolgen.

Es gibt also keine richtige Einzelantwort auf die oben genannten Fragen. Stellen Sie deswegen vielleicht Gegenfragen: »Was versteht Ihr Unternehmen unter TQM/Kanban/Lean Management und mit welchen Instrumente setzen Sie es um? Wie sind Ihre Erfahrungen?«

Die drei Prinzipien des TQM

Den Instrumenten sollten folgende Wirkungsprinzipien gemeinsam sein:

1.) Prävention statt Nachbesserung: Die Kosten der Fehlerbeseitigung am Ende der betrieblichen Prozese sind in der Regel deutlich höher als Fehler, die man entweder ganz vermeidet oder bereits am Anfang korrigiert.
2.) Prozessoptimierung: In vielen Unternehmen werden Prozessoptimierung und Kaizen synonym verstanden. Unternehmen optimieren Ihre Prozesse, wenn sie systematisch Ihre Prozesse planen, umsetzen, Ist-Soll-Vergleiche anstellen und dann Korrekturen in den Prozessen vornehmen.
3.) Interne und externe Kundenorientierung: Kunden sollen entscheiden, was als Qualität im Unternehmen zu verstehen ist. Interne Kunden sind andere Abteilungen oder Mitarbeiter in der Prozesskette. Ausschlaggebend ist jedoch der König End-Kunde.

Die bekanntesten Instrumente des TQM:

Poka Yoke (s. o.) vermeidet unbeabsichtige Fehler durch den falschen Umgang mit der Technik. Ein klassisches Beispiel ist der Bankautomat, der Ihnen erst dann Geld gibt, wenn Sie Ihre Karte entnommen haben.

Design of Experiments beschreibt die Vorgehensweise der Versuchsplanung. Wie in jedem Experiment geht es darum, Ursache und Wirkung zu erkennen. Falls Sie im Gespräch danach gefragt werden, bietet es sich an, ein Ursache-Wirkungs-Modell zu zeichnen, wie wir es im Controlling-Teil vorstellen (S. 150).

Quality Function Development ist eine Methode, um Kundenanforderungen in der Entwicklung von technischen Produkten umzusetzen. Typischerweise geschieht das in Teams von Entwicklern, Produktionsmitarbeitern und Marketingleuten.

Fehlermöglichkeits- und Einflussanalyse (FMEA)

Nutzen:

- Die FMEA ist ein Tool, um Schwachstellen in der Konstruktion, der Gestaltung von Produkten und in Unternehmensprozessen zu erkennen. Als Bewerber werden Sie drei Arten von FMEA grob unterscheiden können.
- Zusätzlich stellen wir Ihnen eine Vorgehensweise vor, sodass Sie im Gespräch ein Produkt oder einen Prozess skizzenhaft auf Schwachstellen hin analysieren können.

Die FMEA ist einer von drei Prozessen innerhalb des Six-Sigma-Konzeptes, welches stark in der Automobilindustrie verbreitet ist.
Relativ früh in der Entwicklung werden Pflichtenhefte erstellt – für Bauteile, Module, Systeme – in welchen auch die geforderten Funktionen definiert sind. Hier ist es wichtig zu verstehen, dass als Fehler auch mangelnder Komfort, Lärmbelästigung oder unästhetisches Design gesehen werden können.

Die drei Arten der FMEA

1.) Konstruktions-FMEA: identifiziert Schwachstellen von Produkten oder Bauteilen. Welche einzelnen Bauteilmerkmale passen nicht in die Anforderungen, welche im Pflichtenheft vorgeschrieben wurden?

2.) System-FMEA: überprüft wiederum die gemeinsame Funktionalität der Teile oder Teilsysteme. Um die Wichtigkeit dessen zu begreifen, führe man sich den modularen Aufbau von Automobilen wieder vor Augen. Diese Bauteile sind auch Teile von technisch zusammenhängenden Modulen oder Systemen. Die unterschiedlichen Module oder Systeme sind wiederum Teile von darüber zusammenhängenden Größen. Die oberste zusammenhängende Ebene ist natürlich das Produkt, das Auto.

Hierin liegt der besondere Wert für die Systemlieferanten. Die Bauteile und Module müssen nicht nur an sich, sondern als Teil des »Systems« Auto funktionieren.

3.) Prozess-FMEA: untersucht mögliche Probleme in Unternehmensprozessen. Der Fokus liegt dabei auf der Herstellung von Teilprodukten innerhalb von Wertschöpfungsprozessen.

An dieser Stelle skizzieren wir die weitere Vorgehensweise.

1.) Um mögliche Probleme zu sammeln und in einem ersten Schritt zu strukturieren, werden oft Ursache-Wirkungs-Modelle benutzt (diese stellen wir später noch vor).

2.) Wie wichtig sind die Probleme, welche gefunden worden sind? Dazu werden den Problemen Punkte vergeben, welche ihre Wichtigkeit darstellen (von 1 für nicht wichtige Probleme bis 10 für wichtige Probleme).

Diese Punkte werden in unterschiedlichen Kategorien vergeben: Eintrittswahrscheinlichkeit des Problems, Entdeckungswahrscheinlichkeit des Problems und Bedeutung der Fehlerfolge aus Kundensicht. Vergeben werden sie in der Regel in einem gemischten Team, sodass die Betrachtungsweisen unterschiedlicher Funktionen wie Marketing oder Produktion berücksichtig werden.

3.) Die vergebenen Punkte werden anschließend multipliziert. Von dieser Zahl, der so genannten Risk Priority Number, ist die Bewertung abhängig.

Dadurch, im analytischen Teil einer FMEA, werden also mögliche Fehlerursachen und -folgen und Risiken von Konstruktionen, Systemen und Prozessen gefunden. In den meisten Fällen werden dann aus diesen Analysen auch Empfehlungen (wie eine Konstruktion, ein System oder ein Prozess besser gemacht werden kann) abgeleitet.

Wertanalyse

Nutzen:

In den letzten Jahren hat sich die Wertanalyse zu einem beliebten Ansatz der Kostensenkung entwickelt. Darüber hinaus wird sie auch zur Verbesserung von

Produkten oder Abläufen genutzt. Falls Ihnen im Gespräch Fragen zu diesen Themen gestellt werden, empfehlen wir Ihnen, dass Sie eine Wertanalyse vorschlagen. Daraufhin kann Ihr Gegenüber Sie um eine Projektskizze bitten.

Vorgehensweise

Die Vorgehensweise wird ausführlich in DIN 69910 beschrieben. Wir fassen daraus sechs Schritte zusammen, die sich für Ihr Interview eignen:

1.) Projektvorbereitung

Die Wertanalyse ist ein systematisches Verfahren, um die unnötigen Kosten eines Produkts oder eines Prozesses aufzuspüren. Gemeint sind Kosten, die folgende Eigenschaften eines Autos *nicht* verbessern:

- Qualität
- Lebensdauer
- Reputation
- Verkaufskraft

2.) Analyse (Ist-Zustand)

Die Vorgehensweise ist wie folgt: Beschreiben Sie die wichtigen Funktionen des Produkts. Stellen Sie Werte wie Qualität oder Lebensdauer dar (beispielsweise »diese Funktion ist sehr wichtig, weil sie einen hohen Einfluss auf die Qualität hat«). Geben Sie anschließend eine Schätzung dazu ab, wie viel die Funktionen kosten könnten. Zeigen Sie auch, welche Prozesskosten daran gebunden sind.

3.) Soll-Ist Vergleich

Beschreiben Sie den Soll-Zustand. Behaupten Sie beispielsweise, dass für dieses bestimmte Produkt eine sehr gute Qualität nicht nötig ist, weil es für den Kunden nicht so wichtig ist. Fragen Sie Ihr Gegenüber nach seiner Meinung über den Soll-Zustand, er wird Ihnen sicherlich einen Hinweis geben, welche Funktionen weniger wertvoll sind. Sie können genauso behaupten, dass eine der Funktionen für den Kunden nicht (genügend) erfüllt wird. Sie haben damit skizzenhaft, jedoch systematisch, ein Verbesserungspotential aufgedeckt.

4.) Lösungsideen entwickeln

Überlegen Sie sich Alternativen, wie man die vom Kunden geforderte Funktion besser erfüllen könnte. Würden Sie eine Funktion streichen? Vereinfachen? Wie würden Sie das tun? Ihr Gegenüber will sehen, dass Sie nicht sofort einen Lösungsweg einschlagen, sondern noch abwägen.

5.) Lösungen festlegen

Genauso will aber Ihr Gesprächspartner sehen, dass Sie entscheiden können. Legen Sie sich also auf eine der Lösungen fest. Erwähnen Sie nochmals die Werte des Kunden, die nun durch Ihre Lösung besser erreicht werden.

6.) Lösungen verwirklichen

Sagen Sie, wie lange eine Implementierung dauern könnte, aber seien Sie als Einsteiger vorsichtig mit Ihrer Schätzung. Von Top-Bewerbern, die bereits Erfahrungen gesammelt haben, wird erwartet, dass Sie die Dauer der einzelnen Projektphasen genauer skizzieren können.

5. Einkauf

Im Abschnitt »Blick ins Unternehmen« haben wir Ihnen die Breite der Aufgaben im Einkauf skizziert. Hier stellen wir Ihnen drei konkrete Tools vor. Mit der ABC/XYZ-Analyse können Sie Probleme priorisieren und Entscheidungsempfehlungen herausarbeiten. Mit dem Benchmarking haben Sie ein genaues Analysetool, welches Vergleiche aller Art ermöglicht. Die Diskussion von Beschaffungsstrategien ist eine Möglichkeit, mit der Sie das nötige Durchsetzungsvermögen im Einkauf beweisen.

ABC/XYZ-Analyse

Nutzen:

Mit der ABC/XYZ-Analyse werden Objekte Schritt für Schritt in Klassen zerlegt und Lösungen für spezifische Probleme erarbeitet.

ABC/XYZ-Analysen sind besonders in der Automobilindustrie beliebt, weil die Komplexität der Prozesse als auch die der Produkte besonders hoch ist. Ein typisches Automobil besteht aus etwa 10.000 Einzelteilen - je nach Fragestellung sollten Sie diese Teile nach ihrer Wichtigkeit ordnen können.

Die ABC-Analyse ordnet und gewichtet Objekte in die Klassen A, B, C. Die XYZ-Analyse klassifiziert die Vorhersagegenauigkeit im Einkauf oder Verkauf nach »X, Y, Z«.

Ein Interviewpartner stieg als Assistent bei einem Systemlieferanten ein. Seine erste Aufgabe war ein Outsourcing-Projekt. Er sollte für die osteuropäischen Produktionsstätten feststellen, welche der Teile weiterhin selber produziert und welche eingekauft werden sollten. Dazu führte er erfolgreich eine ABZ/XYZ-Analyse durch.

ABC-Analyse

Hinter der Vorgehensweise steckt die Annahme, dass es einige wenige A-Objekte gibt, die eine besonders hohe Bedeutung (z.B. Wertanteil) haben. Verbesserungen an diesen Objekten sind entsprechend wirksam. Als erstes werden die Objekte (z.B. Produkte oder Kunden) nach Ihrer Bedeutung (z.B. Produktwert oder Umsatz) eingeteilt.

Klasse (Materialart)	Bedeutung (Wertanteile in %)	Häufigkeit (Mengenanteil in %)
A-Objekte	80%	10%
B-Objekte	15%	20%
C-Objekte	5%	70%

Abbildung 22: ABC-Analyse

Im Outsourcing-Projekt konzentrierte sich unser Interviewpartner darauf Logistik-Analysen für A-Objekte zu erstellen. Ein anderer Bewerber schlug bezüglich der A-Objekte Sparmaßnahmen vor. Die Anwendung einer ABC-Analyse empfiehlt sich grundsätzlich auch bei Kostenfragen.

XYZ-Analyse

Bei der XYZ-Analyse werden Objekte nach der Häufigkeit im Verbrauch oder Verkauf geordnet. X-Objekte mit konstantem Verbrauch oder Verkauf werden als sehr planbar eingestuft. Z-Objekte mit einem unregelmäßigen Verbrauch sind entsprechend schwer zu planen.

Klasse	Verbrauch oder Verkauf	Planbarkeit
X	konstant	hoch
Y	unregelmäßig	mittel
Z	völlig unregelmäßig	niedrig

Abbildung 23: XYZ-Analyse

ABC/XYZ-Analyse

Die Aussagekraft der kombinierten Analyse bedarf meistens einer Interpretation. In der Regel sind Entscheidungen zu fällen. Über A/X-Objekte gibt es in der Regel keine Diskussion, da sie strategisch wichtig sind. Das könnten Kernkompetenzen des Produkts oder Key Accounts auf Kundenseite sein. In geringerem Maße gilt dies auch für die BX-Objekte. Im Fall des Outsourcing-Projekts untersuchte unser Interviewpartner die BC/YZ-Kombinationen näher und zog Vergleiche und Angebote ein, um hier zu besseren Entscheidungen zu kommen.

	X	Y	Z
A		In/Outsourcing-Kandidaten	In/Outsourcing-Kandidaten
B		In/Outsourcing-Kandidaten	In/Outsourcing-Kandidaten
C			

Abbildung 24: ABC/XYZ Analyse

Benchmarking

Dieses Tool wird angewendet, um systematisch Unternehmensleistungen und –prozesse zu vergleichen. Benchmarking ist nicht neu und wird oft als Modewort für Vergleiche aller Art benutzt. Hier geht es um die Analyse der Branchenbesten aufgrund bestimmter Kennzahlen und Indikatoren.

Benchmarks können unterschiedliche Ziele haben. Oft wird mit diesem Tools versucht festzustellen, wie gut man selber ist. Genauso oft sucht man nach Verbesserungsmöglichkeiten: Welche hohe Messlatten kann man für anstehende Veränderungen im eigenen Unternehmen setzen? Das konkrete Ergebnis eines Benchmarks sind dann Maßnahmen, um bei einzelnen Kennzahlen selber aufzuschließen. Wir haben dieses Tool dem Einkauf zugeordnet, weil wir hier eine besondere Relevanz festgestellt haben. Hier sind Benchmarking-Projekte mit dem Ziel Kostensenkung besonders beliebt. Für den Einkauf kann dies beispielsweise ein Vergleich eines Bremssystems mehrerer Zulieferer anhand unterschiedlicher Kriterien (Kosten, Zuverlässigkeit, Fehleranzahl etc.) sein. Jedoch wird Benchmarking in vielen Bereichen angewendet.

> **squeaker.net-Tipp**
>
> *Wir haben von einigen Bewerbern gehört, dass sie nach den aktuellen Benchmarks in der Mittelklasse gefragt wurden. Hier zahlt sich Ihr Wissen aus Fachzeitschriften aus: Wer hat die besten Motoren, Fahrsysteme, Sicherheitssysteme usw.? Andere Bewerber berichten uns, dass sie gefragt wurden, warum ein Auto/eine Firma XY besonders viel Gewinn gemacht hat. Auch wenn Sie einmal keine Detailkenntnisse haben sollten: Ihre Meinung ist gefragt! Seien Sie mutig und erklären Sie, woran die Unterschiede liegen könnten.*

Unterschieden werden mindestens zwei Arten von Benchmarking.

Internes Benchmarking: der Vergleich von unterschiedlichen Bereichen des eigenen Unternehmens (sehr oft unterschiedliche Standorte oder Produktionsstätten).

Externes/wettbewerbsorientiertes Benchmarking: Bereiche oder Prozesse des eigenen Unternehmens werden mit anderen Unternehmen verglichen. Diese anderen Unternehmen können Wettbewerber, Unternehmen aus der gleichen Branche (Trends) oder aus fremden Branchen (Best Practices) sein.

Vorgehensweise

In der Bewerbungssituation wird von Ihnen erwartet, dass Sie zuerst grob die Struktur nennen können: Vorbereitung, Durchführung, Analyse und Umsetzung.

Phasen und Elemente eines Benchmarkings

Vorbereitung	Durchführung	Analyse und Umsetzung
Ziel Objekt Umfang Partner	Erhebung: Gespräche Firmenbesuche Fragebögen Auswertung von: Berichten Dokumenten Jahresabschlüssen etc.	Unterschiedliche Vorgehensweisen dargestellt Gründe Feasibility Maßnahmen

Abbildung 25: Phasen und Elemente des Benchmarkings

In der Vorbereitungsphase werden die Ziele des Benchmarking definiert, die nach Möglichkeit immer quantitativ messbar sein sollten. Ein Objekt ist der Gegenstand, der untersucht wird. Dies können Unternehmen, Unternehmensteile, Prozesse oder Abläufe sein. Beispiele dafür sind Kosten, Mitarbeiter, Marktstrategien oder Herstellungsprozesse. Wichtig ist auch der Umfang eines Benchmarking-Projekts, worunter sehr oft Kriterien oder Kennzahlen verstanden werden. Viele Projekte scheitern daran, dass sie in ihrem Umfang zu groß werden und dann mehr Dinge untersuchen als für die Beantwortung des Projektziels nötig. In Relation dazu steht die Anzahl der Partner bzw. der Unternehmen oder Unternehmensteile, die man zum Vergleich heranzieht. Üblich sind Vergleiche mit drei bis zehn Partnern.

> **squeaker.net-Tipp**
>
> Viele Bewerber werden mit Fragen nach ihrer Vorgehensweise zu unbekannten Methoden konfrontiert. Sie werden damit geprüft, inwieweit Sie systematisch arbeiten können und den Überblick behalten. Deswegen sollten Sie Ihrem Ge-sprächspartner eine Struktur aufzeigen und sich immer wieder darauf beziehen.

Ziel des Projekts sind Informationen aus primären und sekundären Quellen. Beispiele für primäre Quellen sind Firmenbesuche, Gespräche oder Fragebögen. Beispiele für sekundäre Quellen sind Berichte, Firmendokumente oder Jahresabschlüsse.

Diese gewonnenen Daten müssen so interpretiert werden, dass sie eine Bedeutung für die Ziele des Projekts haben. Dazu gehört als erstes die Darstellung der unterschiedlichen Prozesse oder Kostenstrukturen der untersuchten

Firmen. Ausschlaggebend sind jedoch die Gründe für die Unterschiede: Was davon kann man für das eigene Unternehmen übernehmen? Die Qualität des Projekts wird an den umsetzbaren Konsequenzen gemessen, der so genannten »Feasability«. Aufgezeigte Chancen und Lösungen müssen auch zu sichtbaren Ergebnissen führen.

Beschaffungsstrategien

Besonders im Einkauf geht es weniger um abstrakte Begriffe als um genaue Berechnungen und eine gute Portion Durchsetzungsvermögen. Gute Kenntnisse in Excel sollten Sie mitbringen, wie die Personaler Ihren Willen testen, zeigen wir Ihnen hier.

Bei diesem Thema haben sich unsere Gesprächspartner schwer getan. Auf die Frage, ob Sie uns ein strategisches Tool für die Beschaffung nennen können, bekamen wir Antworten wie: »Excel-Spreadsheet«, »klarer Verstand« und »Ellenbogen«. Diese Antworten deuten auf das Anforderungsprofil für Einkäufer hin: Exakte, praktisch denkende Charaktere sind gefordert, die sich in Verhandlungen durchsetzen können.

Wir finden, dass diese Sicht der Dinge gut im nächsten Schaubild verdeutlicht wird, welches bei einem Systemlieferanten benutzt wird.

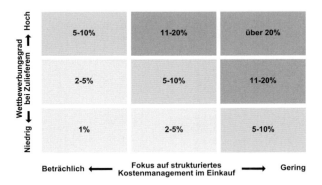

Abbildung 26: Einsparpotenziale mit den Lieferanten definieren

Führen Sie sich vor Augen, dass jeder Einkäufer um die 8 Prozent Kosten pro Jahr sparen soll. Das ist auch das Ziel Ihres Interviewers und er macht sich Gedanken, ob Sie ihm dabei helfen können. Das Schaubild lenkt den Fokus auf zwei Situationen, in denen Einkäufer sich durchsetzen müssen. Falls der Wettbewerbsgrad bei den Zulieferern hoch ist, dann sollte der verantwortliche Einkäufer in den Verhandlungen bis zu 10 Prozent Preissenkungen erreichen.

Single Sourcing (ein bestimmtes Produkt/Teil wird von einem Lieferanten bezogen)		Multiple Sourcing (ein bestimmtes Produkt/Teil wird von mehreren Lieferanten bezogen)	
Vorteile	Nachteile	Vorteile	Nachteile
Rabatte bei höhren Volumina, einfachere Lieferantenprozesse	höhere Abhängigkeit und Risiko, falls Ausfall, eventuell höherer Preis	höhere Ausfallsicherheit und Flexibilität, Marktpreise	Beschaffungsprozesse schwieriger, nur für standarisierte Produkte anwendbar

Abbildung 27: Single/Multiple Sourcing

Es wird geprüft, ob Sie argumentieren können. Eine konkrete Entscheidung können Sie aus so einer Gegenüberstellung nicht ableiten – auch hierfür empfiehlt sich eher die ABC-Analyse.

Local Sourcing		Global Sourcing	
Vorteile	Nachteile	Vorteile	Nachteile
einfachere Lieferantenprozesse, bessere Abstimmung in der Logistik	eventuell höherer Preis, einige Produkte/ Technologien nicht zu beziehen	Globale Beschaffungsmärkte sind billiger	Beschaffungsprozesse schwieriger, höhere Lieferunsicherheiten

Abbildung 28: Local vs. Global Sourcing

Nur wenige Güter im Automobilbereich werden noch lokal eingekauft. Das Global Sourcing hat durch die größere Auswahl an kostengünstigen Anbietern seine Vorteile. Der lokale Einkauf, das »Local Sourcing« wird in der Regel aufgrund rechtlicher Vorschriften oder hoher Zölle gewählt.

6. Marketing

Im Abschnitt Marketing stellen wir Ihnen vier Tools vor. Mithilfe der Marktsegmentierung werden Sie strukturierter Ihr Interesse an der Automobilindustrie zeigen können. Durch das Portfolio kommen Sie zu besseren Entscheidungen, besonders in der Gruppe. Der 4P-Marketing-Mix ist sehr hilfreich bei der Umsetzung von Marketingmaßnahmen. Schließlich sollten Sie ein Verständnis für den Produktlebenszyklus zeigen.

Marktsegmentierung

Um Ihr fachliches Wissen zu testen, fragen Interviewer gerne nach einer Marktsegmentierung und aktuellen Nachrichten aus einem bestimmten Segment: Wissen Sie, welche Mittelklassefahrzeuge auf der letzten IAA vorgestellt wurden? Welche haben Ihnen am Besten gefallen?

Praktikanten können sich oft durch eine Marktsegmentierung als Einstiegsaufgabe beweisen. Dafür sollten sie eine Vorgehensweise skizzieren können.

Das Ziel der Marktsegmentierung ist die Zerlegung eines Marktes in mehrere homogene Teilmärkte. Sie können zum Beispiel intuitiv zwischen Oberklasse, Mittelklasse und Unterklasse unterscheiden. Der Wert dieser Unterscheidung ergibt sich daraus, dass man sich durch den Einsatz von unterschiedlichen Marketingmaßnahmen auf diese Teilmärkte höhere Effizienz und Effektivität verspricht.

Falls Sie sich bei einer Marke wie Audi bewerben, sollten Sie nicht nur deren Produktpalette kennen, sondern auch über aktuelle Entwicklungen in den verschiedenen Segmenten des Unternehmens informiert sein. Recherchieren Sie dazu in der »auto motor und sport« sowie vergleichbaren Zeitschriften.

6. Marketing C. Tools zur Unterstützung

	Van	Mini-Van	Kombi	Stufenheck	Steilheck	Offroad	Roadster	Cabrio	Coupe	SUV
Luxusklasse										
Oberklasse										
Obere Mittelklasse										
Mittelklasse										
Untere Mittelklasse										
Kleinwagen										
Miniwagen										
SubMiniwagen										

Abbildung 29: Horizontale und vertikale Marktsegmentierung Pkw

Häufig sollen Sie im Gespräch auch eine Marktsegmentierung vornehmen. Je selbständiger Sie das machen können, desto besser. Orientieren Sie sich an folgender Methode:

In einem ersten Schritt nehmen Sie eine kurze Segmentierung an direkt beobachtbaren Kundenmerkmalen vor. Die Vorlage, beispielsweise, unterscheidet vertikal nach Einkommen. Soll eine Marktsegmentierung für Systeme, Module und Bauteile gemacht werden, so wird meistens nach eingesetzten Fahrzeugsegmenten und Technologien unterschieden.

In einem zweiten Schritt verfeinern Sie die Gliederung. Wählen Sie ein oder zwei weitere Kriterien aus. Zeigen Sie Ihrem Gegenüber, dass Sie etwas über die Segmente wissen.

In einem dritten Schritt sollten Sie die Attraktivität der Segmente beschreiben. Kriterien dazu sind: Produktbezogene Kundenmerkmale wie Ausgabenneigungen, Zahlungsbereitschaften, Preis- und Marketing-Elastizitäten, Loyalitäts- bzw. Markenwechselraten. Hier können Sie die Portfolios benutzen.

In einem vierten Schritt sollten Sie sich für ein (Unter-)Marktsegment entscheiden. Dies ermöglicht Ihnen, in einem fünften Schritt eine segmentspezifische Positionierungsstrategie zu formulieren. Diese Positionierung sollten Sie dann sechstens in einen taktisch-operativen Marketing-Mix übersetzen - und zwar über den gesamten Lebenszyklus einer Serie hinweg.

Portfolio-Modelle (BCG/Ansoff)

Portfolios geben Ihren Ausführungen Struktur und zeigen Ihrem Gegenüber, dass Sie abwägen und reflektieren – gerade wenn Ihnen Detailwissen fehlt.

Mit der BCG-Matrix können Sie zu Marktanteilen von Produkten und dem Wachstum der Märkte, in denen Sie sich befinden, Stellung nehmen. Anhand des Ansoff-Schemas können Sie über die Produkte eines Unternehmens, deren Entwicklung und deren Einführung in unterschiedliche Märkte reden.

Die Anwendung von Portfolios in Entscheidungsprozessen macht die Kommunikation strukturierter und zielorientierter. Portfolios werden benutzt, um Entscheidungsmöglichkeiten in mehreren Dimensionen zu beleuchten.

Sie als Bewerber werden in zwei Situationen nach Entscheidungen gefragt: im fachlichen Teil des Bewerbungsgesprächs und vor allem in der Gruppenübung. Besonders in einer Gruppe, wo sich die Mitglieder nicht kennen und wo sich jeder profilieren will, sind Entscheidungen auf Zeit eine Herausforderung. Führen Sie die Gruppe zu einer strukturierten Entscheidung, indem Sie ein Portfolio vorschlagen. Die BCG-Matrix erlaubt eine Bewertung von Produkten anhand der Dimensionen Marktanteil und Marktwachstum. Dadurch werden Entscheidungen beim Management von Produktportfolios sichtbarer. Das Ansoff-Schema wiederum betrachtet Wachstumsstrategien anhand der Dimensionen Produkt und Markt. Es zeigt die strategischen Optionen des Unternehmens auf.

BCG-Matrix

Wir schlagen vor, dass Sie vor allem in der Gruppe als erstes die Matrix aufzeichnen. Es kann sein, dass andere Mitglieder in der Gruppe das Modell nicht kennen. Fangen Sie mit den beiden Achsen an und erläutern Sie die Annahmen dahinter. Fragen Sie dann nach Input durch die Gruppe.

Hinter der Matrix steckt eine Annahme zum Erfolg von Unternehmen. Unternehmen haben dann Erfolg, wenn sie viele Produkte haben, die als Sterne/Milchkühe und Fragezeichen einzustufen sind. Sterne/Milchkühe bringen einem Unternehmen viel Liquidität und besitzen einen hohen Marktanteil. Fragezeichen benötigen noch Liquidität, haben aber ein hohes Wachstum und können in Zukunft Milchkühe werden.

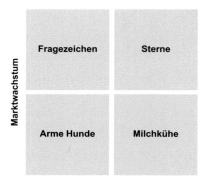

Abbildung 30: BCG-Matrix

Anhand dieser Logik können Sie eine vorsichtige, schematische Bewertung vornehmen. Investitionen in arme Hunde sollten Sie zurückfahren. Fragezeichen erfordern zusätzliche Informationen, denn macht es überhaupt Sinn, eine Investition zu tätigen? In die Sterne sollten Sie investieren - sie können da das hohe Wachstum ausschöpfen. Im Gegensatz dazu brauchen die Milchkühe keine Investitionen mehr, da sie nicht mehr im Markt wachsen.

Ansoff

Anhand dieses Portfolios können Sie strukturiert über Produkte und Märkte eines Unternehmens reden.

Wir schlagen ebenfalls vor, dass Sie zuerst das Ansoff-Portfolio aufzeichnen. Zeichnen Sie die Achsen auf und erläutern Sie zum Einstieg die grundsätzlichen Alternativen, die Sie sehen, damit das Unternehmen wachsen kann.

Zählen Sie zuerst aktuelle Produkte des Unternehmens auf, bei Volkswagen etwa die Modellpalette Polo, Golf und Passat. Wie Sie als Leser der bekannten Automagazine wissen, wird die Modellpalette ständig weiterentwickelt, es gibt dauernd Nachfolger und einzelne Verbesserungen. Ein anderer Schritt, den Volkswagen Richtung obere Mittelklasse macht, ist die Entwicklung des Passat Coupe. Im Rahmen des Portfolios wäre dies eine Produktentwicklung.

Bei Ihren Ausführungen können Sie sich an der Vorlage für die Marktsegmentierung (s. o.) orientieren. Versuchen Sie jedoch, bei Ihren Ausführungen Ihren Gesprächspartner nach Informationen zu fragen. Äußern Sie Vermutungen und binden Sie ihn ein. Ihr Partner wird sicherlich mit ein wenig Stolz über die Produkte des Unternehmens reden.

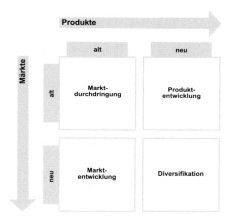

Abbildung 31: Ansoff-Matrix

Die 4 P: Marketing-Mix

Die 4 P stehen für **P**roduct, **P**rice, **P**lace und **P**romotion. Mit diesem Tool können Sie untersuchen, warum ein bestimmtes Produkt besonders gut oder schlecht läuft.

Im Job können Sie diese Struktur auch bei der Präsentation Ihrer Marketingideen einsetzen.

Im Gespräch gibt es zwei Fälle, wo die 4 Ps für Sie interessant sind: Wenn Sie um eine kurze Marketinganalyse gebeten werden oder wenn Sie recherchieren und eigene Ideen vorschlagen sollen.

6. Marketing C. Tools zur Unterstützung

Abbildung 32: Marketing-Mix

Im Marketing geht es vor allem um Ihr Gespür für den Verkauf von Produkten. Ein Weg dies zu überprüfen ist es, Sie nach Erfolgsfaktoren von Produkten zu fragen. Warum läuft, beispielsweise, der Absatz eines BMW 5er so gut/schlecht? Mit den 4 Ps können Sie etwa so antworten:

Product: »Kunden schätzen die Qualität des Produkts, es gibt nur wenig Ausfälle« oder »Die Mängel im Design und in der Ausstattung schwächen den Wert des Autos«.

Place: »Der Hersteller ist durch sein weit verzweigtes Händlernetz gut aufgestellt« oder »In den Großstädten ist die Marke kaum in den Zentren vertreten«.

Promotion: »Die Werbekampagne hat das Modell zum Kult gemacht« oder »Das Modell tritt kaum in der öffentlichen Wahrnehmung auf«.

Price: »Die Kunden bezahlen gerne mehr für die bekannt hohe Qualität« oder »Tests zeigen, das dieses Modell zu den teuersten seiner Klasse gehört«.

Nehmen Sie Stellung und argumentieren Sie selbstbewusst. Wenn Ihnen keine Informationen vorliegen, dann fragen Sie Ihr gegenüber danach.

Als Praktikant und Einsteiger sind Sie natürlich in einer anderen Rolle. Das Interesse Ihres Vorgesetzten liegt darin, dass Sie selbständig bestimmte Aufgaben bearbeiten. Nach dem Bedarf der Abteilung werden dann die Stellen ausgeschrieben. Sehr beliebt sind Praktikanten für Recherchetätigkeiten und das Finden neuer Ideen. Diese Informationen werden dann vom Praktikanten zusammengetragen und mit einer Präsentation vorgestellt. Mit den 4 Ps können Sie gezielt Empfehlungen aussprechen. Teil der Präsentation sind auch Business-Cases, wo ein Nutzen/Kosten-Kalkül präsentiert wird.

Für die Entwicklung eines Marketing-Mix sind grundlegende Informationen einzuholen, die einzelnen Elemente zu analysieren, der richtige Mix zu finden und danach zu überwachen. Wir spielen das Tool für eine Komponente durch. Besonders bei Lieferanten besteht besonderer Bedarf nach Eigenrecherche.

1.) Ist das Produkt wirklich das, was sich der Zielmarkt wünscht?

Folgende Analysepunkte sind möglich: Sollen Neuprodukte entwickelt werden? Soll das Altprodukt leicht verändert werden? Soll ein Produkt aufgegeben werden?

Darüber hinaus werden sehr stark die Themen Services, Garantie und Kulanz diskutiert. In den letzten zwei bis drei Jahren haben viele Automobilunternehmen über den so genannten Customer-Relationship-Ansatz versucht, ihre Gewinne zu steigern. Dieser Ansatz zielt strategisch darauf, am sehr lukrativen Services-Geschäft teilzunehmen.

Das Produkt wird dann zum Wettbewerbsvorteil, wenn es ganz bestimmte Bedürfnisse befriedigt. Unterscheidet es sich in seinen Merkmalen kaum von anderen Produkten, wird kein Wettbewerbsvorteil erreicht.

Weitere Ansatzpunkte zur Produktanalyse in der Automobilbranche sind: Innovationsmanagement, Marktforschung, Erarbeitung und Pflege des Produktprogramms sowie Produktprofitabilität.

2.) Sind die Kunden im Zielmarkt bereit, einen bestimmten Preis zu bezahlen?

Als erstes ist der eigene Grundpreis der Komponente festzustellen. Dies sollte man entweder vom Vorgesetzten erfragen oder direkt um das relevante Lastenheft bitten. In einem Lastenheft werden die Lieferbedingungen für ein Produkt festgehalten. In diesem sind auch die Informationen für die zweite Komponente der Analyse enthalten. Daneben sind die Grundpreise für die Vergleichsprodukte der Konkurrenz zu erfragen.

> **squeaker.net-Tipp**
>
> *Ein squeaker.net-Mitglied hat uns berichtet, dass er anonym unterschiedliche Werkstätten besucht hatte, um die Marktpreise für einzelne Komponenten des Kupplungshydrauliksystems eines Modells zu erfragen.*

Je nach Aufgabenstellung sind eventuell neben dem Grundpreis noch andere Posten zu berücksichtigen: Einmalzahlungen für Entwicklungs- und Werkzeugkosten, Garantieleistungen, Gewährung von Rabatten, Skonti und Liefer- und Zahlungsbedingungen. Meistens sollen Sie in der Präsentation jedoch einen Business Case aufbereiten.

Fragen Sie sich nun, ob der Preis unter dem der Konkurrenz liegt. Sollte er darunter liegen, sodass über den Preis ein Wettbewerbsvorteil erzielt wird? Oder halten die Teilnehmer des Zielmarktes einen höheren Preis Ihres Produktes für gerechtfertigt und sind sie bereit diesen zu zahlen?

3.) Sind die Produkte in der richtigen Menge, am richtigen Ort und zur richtigen Zeit erhältlich? Welche unterschiedlichen Vertriebsmöglichkeiten sind gegeben?

Unterschieden wird zwischen dem Verkaufskanal (Händler, Werksverkauf, Flotten, Internet) und der Platzierung der Produkte in den Kanälen. Ansatzpunkte in der Automobilindustrie für den Vertriebsweg sind: Internationales Marketing oder Vertriebs-, Entwicklungs-, Einkaufs- und Fertigungsverbunde. Vor einigen Jahren wurden die Auswirkungen der Kfz-Gruppenfreistellungsverordnung (GVO) stark diskutiert, davor das Thema Internet.

4.) Wie werden Kundengruppen am besten über ihr Produktsegment informiert (Promotion)?

Die Automobilbranche zählt zu den besten Werbekunden. Ansatzpunkte für die Automobilbranche sind: Markenpolitik, Werbekampagnen, Co-Marketing, Messen, Technik-Ausstellungen beim Kunden, Beiträge auf Kongressen und Tagungen, Verkaufsförderung sowie Presse- und Öffentlichkeitsarbeit. Während die meisten Geschäftsmodelle im Automotive-Sektor global aufgestellt sind, wird Werbung häufig auf lokale Zielgruppen angepasst.

Produktlebenszyklus

Für das Gespräch sollten Sie den klassischen Zusammenhang zwischen Verkaufserwartungen und dem Lebenszyklus von Produkten kennen. Automobilunternehmen organisieren sich um die technische Entwicklung und Produktion. Zu jedem Zeitpunkt im Lebenszyklus des Autos ergeben sich besondere Aufgaben für nachgelagerte Funktionen wie das Marketing.

Seien Sie sich auch der anderen Anwendungen von Lebenszyklus-Modellen bewusst. Solche Modelle gibt es nicht nur für Produkte, sondern auch für Marken, Unternehmen, Kunden oder Branchen.

Das folgende Modell zeigt den Absatzverlauf eines Produkts in dessen Lebenszyklus.

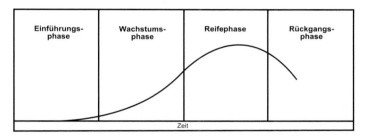

Abbildung 33: Produktlebenszyklus

Als Bewerber sollten Sie im Gespräch ganz grob die Schwerpunkte des Marketing-Mix anhand des Produktlebenszyklus am Markt einordnen können. Überlegen Sie sich für jede Phase, warum der Absatz steigt oder fällt und merken Sie sich so die Schwerpunkte.

Der Schwerpunkt in der Einführungsphase liegt auf der Positionierung im Markt. Hier spielen Instrumente der Kommunikation wie Werbung und PR eine Rolle. In der Wachstumsphase behalten diese Instrumente den Wert bei. Zusätzlich wird das Thema Pricing wichtig. Mit Varianten, Extras und Sonderaktionen werden vermehrt höhere Preise erzielt. Hier wird auch versucht, das Produkt gegenüber anderen Segmenten zu vermarkten. Zum Ende der Serienproduktion setzt die Rückgangsphase ein.

Von Praktikanten oder Einsteigern wird erwartet, dass Sie weitere, tiefere Zusammenhänge zum Produktlebenszyklus verstehen.

Die folgende Grafik zeigt den Zusammenhang zwischen Marketing-Mix und Produktlebenszyklus. Sie wurde aufgrund einer realen Darstellung eines Systemlieferanten gemacht. Behalten Sie diesen Zusammenhang vor Augen, wenn Sie Empfehlungen zum Marketing-Mix geben.

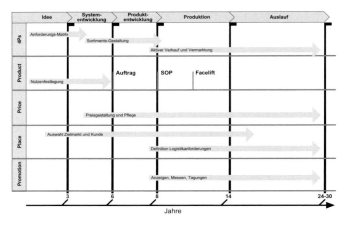

Abbildung 34: Marketing-Maßnahmen im Produktlebenszyklus

In der linken Spalte finden Sie die Tätigkeiten aus den 4 P wieder. Die unterschiedlichen Phasen innerhalb des Produktlebenszyklus finden Sie in der obersten Zeile. Die typische Lebensdauer eines Pkw von der Idee bis zum Auslauf dauert rund 30 Jahre. Die Zeile »4 Ps« zeigt typologisch drei unterschiedliche Phasen des Marketing-Mix: Anforderung, Sortimentgestaltung und Verkauf bzw. Vermarktung. Die letzte Phase zeigt den typischen Umsatz, den wir in der vorherigen Grafik gezeigt haben.

Die meisten Autos werden für eine Baureihe von sechs bis acht Jahren geplant. Wie Sie sehen, finden viele Marketingaktivitäten bereits Jahre vor diesem Termin statt. Für (System-)Lieferanten ist besonders der Moment der Auftragserteilung seitens des OEM wichtig, der ungefähr zwei Jahre vor der Produktion stattfindet. Die Risiken der Entwicklung des Systems trägt der

Lieferant. Deswegen ist über die gesamte Zeitspanne eine enge Abstimmung beider Partner nötig.

Die Phase des aktiven Verkaufs und der Vermarktung setzt erst kurz vor dem Produktionsstart ein. Die Verkaufsphase sollte möglichst lang gestreckt werden, um so hohe Gewinne einzufahren und die Entwicklungskosten zu amortisieren. Deswegen werden für bestehende Serien häufig so genannte »Facelifts« durchgeführt und Sonderserien nachgelegt – potentielle Kunden sollen so neu für eine Baureihe begeistert werden. Es sollte ebenfalls auffallen, dass der aktive Verkauf und die Anforderungen an die Logistik über das Ende der Serienproduktion hinauslaufen.

7. Logistik

Während sich die traditionelle Logistik lediglich mit isolierten Transportlösungen wie Beförderung und Lagerung beschäftigte, hat sie in den letzten Jahren enorm an Bedeutung gewonnen. Im Interview sollten Sie strategisch-logistische Fragen souverän beantworten und Ihre Lösungsansätze gut strukturieren.

Erfolgsfaktoren: Logistikkosten und Lieferservice

Nicht zuletzt durch die Globalisierung zählt die Logistik zu den zentralen Erfolgsfaktoren für Automobilunternehmen. Dabei spielen aber nicht nur die Kosten, sondern auch der Service eine Rolle. Damit Sie unterschiedliche Logistikkonzepte bewerten können, müssen Sie die Einflussgrößen von Logistikkosten und Lieferservices kennen:

1.) Depotkosten

Diese Kosten werden unter anderem von der Anzahl, den Standorten, der Kapazität und der Lagertechnik (Automatisierungsgrad) des Depots beeinflusst. Je technisch aufwändiger ein Depot verwaltet wird, desto höher sind auch die entstehenden Kosten.

2.) Lagerhaltungskosten

Beeinflusst werden diese unter anderem durch die Lagerbereitschaft, Umschlagshäufigkeit, Sicherheitsbestände, Bestellpolitik und Wertstruktur der Produkte. Möchten Sie eine hohe Lagerbereitschaft gewährleisten, müssen Sie mehr Produkte auf Lager halten. Unter Umständen brauchen Sie daher auch einen hohen Sicherheitsbestand und müssen häufiger eine Bestellung auslösen. Dies führt zwangsläufig zu höheren Kosten. Zu berücksichtigen sind auch Ihre Kapitalbindungskosten, die durch die Lagerung von Produkten entstehen. Diese sind umso größer, je teurer Ihre gelagerten Produkte sind.

3.) Transportkosten

Auf die Höhe dieser Kosten wirken bspw. die Lieferfrequenz, Tourenlänge, Fuhrparkgröße und –zusammensetzung, die Transportmittel, Sendungsgrößen und das Verhältnis von Gewicht, Volumen und Wert ein. Ist Ihnen eine hohe Lieferfrequenz wichtig, brauchen Sie unter Umständen einen großen Fuhrpark, der all Ihre Kunden abdecken kann. Dies erhöht die Kosten. Setzen Sie lieber kleine oder große Fahrzeuge ein? Organisieren Sie Ihren Transport auf der Straße, Schiene oder gar als kombinierten Verkehr? Fahren Sie lieber mehrmals kleine Touren oder planen Sie wenige längere Fahrten?

4.) Verpackungs- und Materialhandhabungskosten

Zu berücksichtigen sind dabei die Gefährlichkeit der Güter, die Standardisierung, Umschlagshäufigkeit, der Automatisierungsgrad und die Containerisierung. Müssen Ihre Produkte auf dem Weg zum Kunden besonders geschützt werden, da sie in der Herstellung teuer waren? Hier können Sie sehr gut mit der ABC Analyse argumentieren. Lassen sich die Güter einfach stapeln oder brauchen Sie speziell angefertigte Transportbehälter? Auch hier gilt wieder: Je aufwändiger Sie Ihre Produkte während des Transports schützen müssen, desto höher werden Ihre Kosten ausfallen.

5.) Informationskosten

Dazu gehören Einflussgrößen wie Automatisierungsgrad (Lagertechnik), Vernetzung, Informations- und Kommunikationstechnologie und die Struktur und der Prozess der Auftragsabwicklung. In diese Kategorie fallen z.B. die Anwendung von RFID-Chips zur Sendungsverfolgung.

Logistikkosten können niemals isoliert betrachtet werden, sondern wirken interdependent. Falls Sie also während Ihres Interviews gefragt werden, wie Sie in der Logistik Kosteneinsparpotenziale realisieren können, denken Sie an eine mögliche Wechselwirkung und weisen Sie darauf hin. Spart man zum Beispiel an der Verpackung, kann es zu einem erhöhten Risiko für Transportschäden kommen. Möchte man die Transporthäufigkeit reduzieren, kann dies unter Umständen dazu führen, dass man Lagerbestände aufbauen muss.

Kosten und Lieferservice wirken eng zusammen. Der Lieferservice setzt sich aus den Faktoren Zeit, Zuverlässigkeit, Beschaffenheit und Flexibilität zusammen. Die Lieferzeit hängt vom Transport, Standort, Lagerung und der Auftragsabwicklung ab. Der Arbeitsablauf und die Lieferbereitschaft bedingen die Lieferzuverlässigkeit. Zu der Lieferbeschaffenheit gehört zum einen die Genauigkeit (welche Produkte werden geliefert) und zum anderen der Zustand der gelieferten Produkte. Die Lieferflexibilität wird durch Auftrags- und Liefermodalitäten bedingt.

Logistische Konfigurationsentscheidungen

Oftmals werden Sie im Bewerbungsprozess mit Cases rund die Änderung von Logistikstandorten oder -konzepten konfrontiert. Ausgangspunkt der Überlegungen sind Änderungen in der Unternehmensumwelt (z.B. abnehmende wirtschaftliche Wachstumsraten, sich ändernde Produktionstechnologien oder die Eröffnung eines neuen Produktionswerkes), die Unternehmen zu einer Konfiguration des Logistiksystems veranlassen. Generell können damit unterschiedliche Ziele verfolgt werden. Machen Sie sich in einem ersten Schritt zunächst die Ziele klar, die das Unternehmen mit seiner Änderung verfolgen will. Im Vordergrund wird wahrscheinlich das Senken der Logistikkosten stehen. Dies bedeutet für Sie die Berücksichtigung der Einflussgrößen auf die Kosten. Denkbar wäre auch, noch den Lieferservice zu erhöhen. Dazu ziehen Sie die Stellgrößen auf den Lieferservice heran. Diese Ziele können dadurch erreicht werden, dass logistische Ströme vereinfacht, synchronisiert und automatisiert werden. Als Bewerber wird von Ihnen erwartet, dass Sie Entscheidungen bezüglich der Konfiguration treffen. Sie können sowohl Strukturen als auch

Prozesse ändern. Unter der Struktur werden räumliche Anordnungsbeziehungen wie Anzahl, Standorte, Art und Kapazitäten verstanden. Zu den Prozessen gehören die Festlegung von Informations- und Güterflüssen durch das logistische System.

Abbildung 35: logistische Konfigurationsentscheidungen

Überlegen Sie sich, welche der oben genannten Einflussgrößen Sie verändern müssen, damit Sie die Ziele erreichen. Bei Zentralitätsentscheidungen berücksichtigen Sie nachfolgende Fragestellungen: Lassen sich durch ein zentrales Logistiksystem Synergieeffekte realisieren? Diese könnten beispielsweise durch Bündelung von Warenströmen, Wissen oder durch gemeinsame Nutzung von Ressourcen erreicht werden. Können produktivere und vor allem kostengünstigere Verfahren eingesetzt werden? Wird insgesamt die organisatorische Komplexität verringert und lassen sich die Prozesse aus einer Hand steuern? Weiterhin haben Sie die Möglichkeit, sich für direkte oder indirekte Bereitstellung Ihrer Produkte zu entscheiden. Sollen die Produkte ohne Unterbrechung direkt ab Werk transportiert werden oder macht es unter Umständen Sinn, Zwischenlager zu errichten und von dort aus zu liefern? Denkbar wäre bspw. ein Konsignationslager direkt beim Kunden. Die Entscheidung hängt vor allem von der Entfernung vom Produktionsstandort und Kunden ab. In der Automobilbranche werden vor allem Just-in-Time-Konzepte angewendet. Diese gehören zu den direkten Distributionswegen und werden im nächsten Abschnitt näher erläutert. Zu guter Letzt müssen Sie entscheiden, wann Ihre Produkte spezifiziert werden sollen. Unterschieden wird in diesem Fall zwischen »Speculation« oder »Postponement«. Im Falle einer Speculation geschieht die Endfertigung Ihrer Produkte zum frühestmöglichen Zeitpunkt. Sie legen die Form bzw. die Variante bereits fest.

Dies geschieht meistens ohne konkrete Kundenaufträge. Damit können Sie aufgrund der großen Lose Kosten reduzieren und hohe Bestellfrequenzen vermeiden. Weiterhin gewährleisten Sie einen hohen Lieferbereitschaftsgrad durch kurze Lieferzeiten und vermeiden Engpässe. Mögliche Probleme dabei sind große Lagerbestände und je nach Wert des Produkts eine hohe Kapitalbindung. Im Gegensatz zur Speculation schieben Sie beim Postponement die Entscheidung über die Spezifikation Ihrer Produkte so lange wie möglich raus. Die Endfertigung geschieht erst nach einem Kundenauftrag. Unterschieden wird dabei zwischen Postponement in Manufacturing, Assembly Postponement und Postponement in Form und Identity. Mit dieser Möglichkeit verringern Sie das Risiko des Auftrages, verzögern den Kostenaufwand und verringern die Kapitalbindung.

Just-in-Time

Vorreiter in Sachen synchroner Materialbereitstellung war wie so oft Toyota. Mitte der 50ziger Jahre begann das Unternehmen, seine Produktionslogistik nach dem Konzept des Just-in-Time (JiT) zu organisieren. Mittlerweile erfolgt in der ganzen Industrie die Materialbereitstellung hauptsächlich mit JiT-Konzepten. Neben der klassischen Variante des Just-in-Time werden zunehmend Just-in-Sequence-Lösungen umgesetzt. Diese bauen auf JiT auf.

Ziel des Konzepts ist es, Lagerbestände innerhalb der Wertschöpfungskette und entsprechend auch die Auftragszeit zu reduzieren. Der Lieferant wird verpflichtet, innerhalb einer Vorlaufzeit die benötigten Bauteile auf den Zeitpunkt genau anzuliefern. In den Produktionswerken wird daher nur ein bestimmter Anteil der Bauteile gelagert, um die Produktion gerade aufrechterhalten zu können. Folgende Vorraussetzungen müssen für die Anwendung des Konzeptes gegeben sein: Es muss eine Standardisierung der Lieferantenbeziehung in Form von Rahmenvereinbarungen gewährleistet sein. Die Bauteile werden in den meisten Fällen jeweils nur von einem Lieferanten bezogen und gehören zum kontinuierlichen Bedarf des Herstellers.

Der Hersteller zeichnet sich durch kurze Rüstzeiten und eine hohe Verfügbarkeit der Bauteile aus. Flexible Kapazitätsreserven stellen zusätzlichen Bedarf sicher. Wichtig ist die Garantie der Qualität bzw. Qualitätskontrollen beim Lieferanten, da Kontrollen aufgrund der zeitnahen Produktion beim Hersteller nicht durchgeführt werden können. Entscheidend sind ebenfalls Liefertreue und zuverlässige Transportgegebenheiten. Würde der Transport etwa durch einen Stau aufgehalten werden, könnten unter Umständen die Bänder stillstehen. JiT-Lösungen setzen voraus, dass die Anlieferung sowohl räumlich als auch organisatorisch realisierbar ist. Die Bestellung der Bauteile erfolgt computergestützt und verbrauchsbezogen. Dazu wird der Lieferant in das IT-System des Herstellers integriert. Komponenten wie Kühler, Autoglas und Sitzbezüge werden z.B. Just-in-Time geliefert.

Beim Just-in-Sequence werden die benötigen Bauteile nicht nur zeitgerecht, sondern auch in der richtigen Reihenfolge angeliefert. Die Vorlaufzeiten betragen je nach Unternehmen zwischen 40 Stunden und 90 Minuten. JiS-Konzepte werden vor allem bei stark variierenden Bauteilen angewendet. Bei DaimlerChrysler wird nahezu die Hälfte der Bauteile Just-in-Sequence angeliefert. Die C-Klasse z.B. ist in 96 verschiedene Grundvarianten erhältlich. Sie setzen sich aus 9 Motoren, 2 Lenkungen (Rechts- und Linkslenker), 2 Getriebevarianten (Schaltung und Automatik) und drei Ländervarianten zusammen. Hinzu kommen 80 Sonderausstattungen, 14 Lackfarben, 5 Farben für die Innenausstattung sowie verschiedene Sitzbezüge. Würden alle einzelnen Teile gelagert werden, wäre der Lageraufwand und die Zeit für die Zusammenstellung immens. Durch das JiS-Prinzip können die Bauteile sofort montiert werden.

JiT-Konzepte minimieren die Durchlaufzeiten und unterstützen den Abbau von Lagerbeständen. Darüber hinaus lassen sich durch eine geringere Kapitalbindung und weniger Lageraufwand Kosten sparen. Ingesamt wird die Flexibilität und die Kundenorientierung gesteigert. Bei Audi sind nicht zuletzt durch JiS-Konzepte noch bis zu drei Tage vor Fahrzeugfertigstellung Änderungswünsche durch den Kunden möglich. Generell werden durch JiT langfristige Lieferantenbeziehungen geschaffen. Nachteile sind eine hohe Lieferfrequenz und damit ein erhöhtes Verkehrsaufkommen, Störanfälligkeiten insbesondere bei der Anlieferung, eine zeitkritische Verzahnung und der Verzicht auf Bündelung von Bauteilen.

Internationale Logistikkonzepte

Bewerber erzählten uns, dass Sie in einem ersten Schritt ein globales Logistiknetzwerk charakterisieren sollten. Falls Sie diese Frage gestellt bekommen, gehen Sie auf folgende Punkte ein: Erwähnen Sie räumliche Einflüsse - globale Netzwerke zeichnen sich durch große räumliche Distanzen aus. Der Transport dauert lange und birgt unter Umständen hohe Risiken. Da die Güter meist nicht nur eine Ländergrenze überschreiten, fallen unterschiedliche Zollprozeduren an, die auch wertvolle Zeit kosten. Kenntnisse in den Zoll-, Import- und Exportformalitäten sind unabdingbar. Gehen Sie auch auf Prognoseprobleme ein: Durch längere Transportzeiten steigt die Wahrscheinlichkeit unvorhergesehener Störungen. Unterschiedliche Kultur- und Sprachkreise können zu Kommunikationsschwierigkeiten führen. Ebenfalls wichtig sind makro-ökonomische Einflüsse wie Wechselkursrisiken (je mehr Länder involviert sind, desto anfälliger sind Unternehmen für Wechselkursschwankungen) und Auswirkungen politischer Instabilität. Nennen Sie Standortfaktoren wie beispielsweise Verkehrsinfrastruktur, Energiepreise, Zugang zum Kapitalmarkt, Lohnniveau, Ausbildungsstand der Arbeitskräfte und Verfügbarkeit von Rohstoffen.

Die wichtigsten internationalen Logistikkonzepte heißen CBU (Completely Build Unit), CKD (Completely Knocked Down) und SKD (Semi Knocked Down), letzteres manchmal auf PKD (Partly Knocked Down) genannt.

Beim Konzept der Completely Built Unit wird das (fast) fertige Fahrzeug ins Bestimmungsland gebracht und dort vertrieben. Lediglich einzelne Anpassungen für die lokalen Märkte müssen noch durchgeführt werden. Dies gilt beispielsweise für Fahrzeuge, die als Rechtslenker eingesetzt werden.

Die beiden anderen Konzepte zeichnen sich durch einen höheren Fertigungsgrad im Bestimmungsland aus. Dabei werden nicht komplette Fahrzeuge, sondern einzelne Bauteile exportiert, die dann zusammengebaut werden müssen. Wichtig an dieser Stelle ist, dass die fertigen Fahrzeuge für den Export je nach Konzept wieder vollständig zerlegt werden. Grund dafür sind enorme Einfuhrzölle, die bis zu 100 Prozent des Fahrzeugwertes ausmachen können. Teil- oder komplett zerlegte Fahrzeuge werden deutlich niedriger verzollt. Hinter den hohen Zöllen stecken so genannte Local Content Regelungen, die vor allem in Schwellenländern Anwendung finden. Gemeint damit ist, dass ein bestimmter Teil der Wertschöpfung in dem Ursprungsland erfolgen muss um die dortige Wirtschaft zu stärken. Ein Vorteil dabei ist, dass die Investitionen für Unternehmen dabei überschaubar bleiben und keine kostspieligen Presswerke aufgestellt werden müssen. Beim Konzept der CKD werden Bauteile wie Motoren, Getriebe, Cockpits und Elektronik als einzelne Bauteile ins Land transportiert und in der Endmontage zusammengefügt. Auch der Rohbau wird erst vor Ort zusammengeschweißt.

Beim SKD hingegen gibt es schon einzelne zusammengefügte Bausätze, die vor Ort dann nur noch zusammengesetzt werden. Der Rohbau würde in diesem Falle komplett geliefert. Die E-Klasse von DaimlerChrysler, die für den chinesischen Markt bestimmt ist, wird als SKD von Bremerhaven aus verschickt.

8. Controlling

Wichtige Kennzahlen

»Je besser ein Controller das operative Geschäft und die Prozesse versteht, desto besser ist das Kennzahlen-Modell, welches er baut«, sagte uns ein Controller. »Von Bewerbern will ich wissen, welches Geschäft und welche Prozesse hinter den Kennzahlen stecken. Die Kennzahlen müssen für jeden Bereich unterschieden werden. Schauen Sie sich zum Beispiel die Kennzahl »Verkäufe« an: Im Marketing hat das vielleicht etwas damit zu tun, dass eine Aktion gefahren worden ist. Für die Produktion kann es etwas mit Qualität zu tun haben. Und dann müssen Sie bedenken, dass unterschiedliche Unternehmen unterschiedliche Kennzahlen und Methoden benutzen.«

Vereinfacht ausgedrückt ist das Controlling ein System quantitativer Informationen. Von Ihnen wird erwartet, dass Sie so selbständig wie möglich an der Erstellung unterschiedlicher Reports arbeiten können. Einen hohen Grad an Selbständigkeit zeigen Sie, wenn Sie Daten aufbereiten, verdichten und zusätzlich deren Wert für die unterschiedlichen Stakeholder einschätzen können. Sehr gute Excel-Kenntnisse sind ebenfalls eine Voraussetzung.

Man kann drei Arten von Reports unterscheiden:

- Interne, regelmäßige Reports: Es werden Informationen zur Verfügung gestellt, die Einfluss auf das Tagesgeschäft haben. Dazu gehören das Management von Kosten sowie die Planung und das Controlling von Operationen.
- Interne, unregelmäßige Reports: Es werden Informationen zur Verfügung gestellt, um strategische und taktische Entscheidungen herbeizuführen. Beispiele dafür sind das Pricing von Produkten, Investitionen und Zielformulierungen.
- Externe Reports: Hier werden Daten über das Unternehmen an externe Stakeholder zur Verfügung gestellt, etwa Investoren oder Behörden.

Als Bewerber haben Sie in einigen Fällen Zugang zu externen Reports, wie den Geschäftsberichten. Die wichtigen Zahlen daraus sollten Sie im Gespräch parat haben. Einige globale Daten wie Umsatz oder Anzahl der Mitarbeiter werden gerne abgefragt. Darüber hinaus bietet der richtige Umgang mit Kennzahlen eine Möglichkeit, sich als Bewerber zu differenzieren – wir zeigen Ihnen wie.

Wir unterscheiden vier Situationen im Bewerbungsprozess bei denen Sie mit Kennzahlen agieren müssen.

1) In der Vorbereitung sollten Sie sich externe Reports wie einen Geschäftsbericht anschauen. Hinterfragen Sie die Zahlen, um später über Entscheidungen im Unternehmen diskutieren zu können. Ihr Gesprächspartner wird an Projekten beteiligt gewesen sein, welche zu diesen Entscheidungen und Zahlen geführt haben. Sie können Ihn dann viel fundierter nach den Projekten und seinen persönlichen Erfahrungen fragen.

2) Folgende Daten werden am häufigsten abgefragt:

- Umsatz (Sales Revenue)
- Verkäufe, Anzahl verkaufter Produkte (Sales)
- direkte und indirekte Kosten
- Gewinn (meist: Operating Profit)
- Liquidität (Cash Flow)

Da Ihre Gesprächspartner davon ausgehen, dass Sie wenige Vorkenntnisse haben, sollten Sie nach Vergleichen fragen, z.B. zum Vorjahr oder zum Vorquartal. Beispielfragen zur Kennzahl Umsatz könnten sein:

Warum hat sich der Umsatz zum Quartal verändert? Lag es an einem neuen Produkt? Oder an einer Kampagne?

Welche Ursachen kann es im Vergleich zum Vorjahr geben? Warum wurde das neue Produkt so entwickelt – welche Erkenntnisse stecken dahinter? Warum war die Kampagne gut oder schlecht – kann man das an den Zahlen ablesen?

3) Weiterführende Fragen:

- Produkte und Marken: Welche Produkte laufen erfolgreich?
- Märkte und Käufer: In welchen Märkten wird erfolgreich Umsatz generiert?
- Lohn- und Materialkosten
- Profitabilität: Cash Flow from Investments, Cash Flow from Operations

4) Sie können auch um einen Ausblick oder um eine Stellungnahme zu einem Ausblick gebeten werden:

Was sind die Ziele für das Jahr? Wie hoch ist beispielsweise die Sachinvestitionsquote? Welche Investitionen plant man für dieses Jahr und wie werden sie sich im Zahlenwerk auswirken? Was erwartet man von Ihnen dieses Jahr?

Ursache-Wirkungs-Modell

Im Gespräch nutzen Sie ein Ursache-Wirkungs-Modell für die systematische Analyse eines Sachverhalts.

Im Praktikum können Sie mit dem Modell Ursachen und Wirkungen in Meetings diskutieren. Folgende Situation:

Sie sollen beispielsweise einem Kostenanstieg untersuchen - diesen klassifizieren Sie zunächst als »Wirkung«.

Danach machen Sie sich auf, die Ursache für diese Wirkung herauszufinden. Dazu sollten Sie sich überlegen, welche Einflussgrößen es gibt. Unter Umständen können Sie auch Ihren Gegenüber fragen.

Fragen Sie sich, wie diese Einflussgrößen die Ursache bewirken. Entscheidend ist dabei nicht ein genialer Einfall, sondern dass sich Ihre Analyse auf die jeweils nächsthöhere Stufe bezieht. Siehe Beispiel in der Grafik: vermehrte Mängel stehen in Relation zur Einflussgröße »Material«.

Diese Ursachen kann man natürlich noch weiter aufschlüsseln, beispielsweise kann die Nebenursache für die vermehrten Mängel ein Materialwechsel beim Zulieferer sein.

Im Ergebnis können Sie zwei bis drei Stellschrauben identifizieren, die sich auf die Wirkung beziehen. Mithilfe des Diagramms bewahrt der Bewerber auch in Gruppengesprächen die Übersicht.

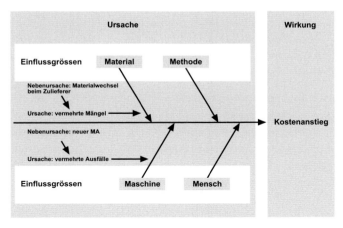

Abbildung 36: Ursache-Wirkungsmodell

D. Erfahrungsberichte

Beim Zusammentragen der Informationen für dieses Buch haben wir Studenten und Absolventen der führenden deutschen Hochschulen zu Ihren Erfahrungen mit Bewerbungsgesprächen und Auswahlverfahren bei Unternehmen aus der Automobilbranche befragt. Diese Erfahrungen bieten einen Einblick in die Auswahlpraxis der Automobilindustrie in Deutschland. Sie werden dabei auch feststellen, dass Ihnen viele der im letzten Kapitel vorgestellten Tools bei der Bearbeitung der konkreten Aufgabenstellungen helfen werden.

Des Weiteren haben uns Berufserfahrene Einblicke in ihren Arbeitsalltag gewährt und uns verraten, was Sie jungen Berufseinsteigern für ihre Karriere in der Automobilbranche mit auf den Weg geben möchten.

Ein Wort der Vorsicht: Die folgenden Erfahrungsberichte müssen trotz der mehrmaligen Überprüfung der Angaben nicht mit dem tatsächlichen Ablauf Ihres eigenen Bewerbungsverfahrens übereinstimmen. Die Erfahrungen sind subjektiv geprägt und hängen auch von der individuellen Situation des Interviewers und Bewerbers ab. Darüber hinaus kann sich das Bewerbungsverfahren in der Zwischenzeit geändert haben.

In der Erfahrungsberichte-Datenbank von squeaker.net gibt es weitere aktuelle Berichte über Praktika und Berufserfahrungen bei Top-Unternehmen, darunter auch bei vielen Automobilherstellern und -zulieferern. Nutzen Sie die Erfahrungsberichte, um sich ein besseres Bild von der tatsächlichen Bewerbungssituation zu machen. Ergänzen und aktualisieren Sie unsere Angaben in der Erfahrungsberichte-Datenbank auf → www.squeaker.net.

1. Audi

Erfahrungsbericht zum Bewerbungsprozess für ein Praktikum im Bereich Marketing und Vertrieb, Product Placement und Sport Sponsoring des 24-Stunden-Rennens von Le Mans:

Allgemeines zum Bewerbungsprozess

Dieses recht glamouröse Praktikum fand ich in den Untiefen der Online-Stellenbörse von Audi – eine gewisse Ausdauer ist also schon bei der Suche nach dem richtigen Job gefragt. Ansonsten machte das Autounternehmen an meiner Universität, der Katholischen Universität Eichstätt-Ingolstadt, immer eine gute Figur und präsentierte sich etwa durch Infostände oder Fachvorträge. So führte auch die Nähe zum Standort Ingoldstadt zu meiner Bewerbung bei Audi. Zwei Stationen meines Lebenslaufs sollten auch später im Interview wieder Thema werden: Ich war Regie-Assistent beim Studio Hamburg und Praktikant bei McKinsey im Bereich Banking/Finance in Frankfurt. Scheinbar ist beides interessant für Personaler, da zwar beide Bereiche nichts mit der Automobilindustrie zu tun haben, dennoch gewisse Arbeitsweisen und Engagement voraussetzen. Jedoch wollte ich ganz bewusst in verschiedene Branchen schnuppern und ziehe diesen Weg mit Ecken und Kanten einem »Abklappern« der verschiedenen Firmen einer einzigen Branche vor. Im BWL-Studium habe ich mich auf die Schwerpunkte Finanzen, Recht und Personal konzentriert, inzwischen studiere ich Jura an der Bucerius Law School in Hamburg.

Ablauf des Interviews / konkrete Fragen

Die 24 Stunden von Le Mans wurden als Langstreckenrennen geplant, bei dem die Automobilhersteller ursprünglich die Zuverlässigkeit und den Entwicklungsstand ihrer Fahrzeuge testen. Ein Team von drei wechselnden Fahrern muss innerhalb eines Tages möglichst viele Runden überstehen. Audi hat seit dem Jahr 2004 vier Mal in Folge die Markenmeisterschaft gewonnen und investiert entsprechend in das Marketing dieser Veranstaltung. Ich war mit der Eventplanung, dem Hosting von Gästen und der Gestaltung des Rahmenprogramms beschäftigt. Obwohl ich bis dahin keine ausgewiesenen Kenntnisse im Bereich Marketing hatte, waren wohl meine langjährigen Erfahrungen in der ehrenamtlichen Organisation von Uni-Events ein Plus bei der Bewerbung. Ausschlaggebend war auch meine Begeisterung für die Motorsport- und Autoszene allgemein - man sollte die Trends der Branche kennen, etwa durch die Lektüre von Fachzeitschriften wie »auto motor und sport«. Klar darstellen musste ich auch die Abgrenzung von Audi zu anderen Marken – hier lauteten die Schlagworte »Dynamik, Sportlichkeit und Eleganz«. Meine Auslandssemester habe ich in Los Angeles und in Buenos Aires verbracht, im Bewerbungsgespräch spielten sie jedoch keine besondere Rolle. Ich denke, so etwas gehört inzwischen zum Standard.

Tipps / Eindrücke

Audi ist natürlich eher ein klassischer, traditioneller Industriebetrieb, das sieht man z.B. daran, dass Verträge fast ausschließlich in Deutsch verfasst werden. Die Arbeitszeiten sind durch den Betriebsrat geregelt, die Hierarchien klar geordnet. Im Marketing-Büro war der Umgang jedoch recht locker, der Bereich nimmt zudem eine wichtige und repräsentative Stellung im Unternehmen ein. Das Sagen haben aber ganz klar die Ingenieure, Unternehmen und Vorstand sind sehr durch den Bereich Produktion und Entwicklung geprägt.

2. BMW

Erfahrungsbericht zum Bewerbungsprozess für ein Praktikum im Geschäftsfeld Financial Services:

Allgemeines zum Bewerbungsprozess

Bei einer Umfrage unter 15.000 Studenten der Ingenieurs- und Wirtschaftswissenschaften wurde BMW zum beliebtesten Arbeitgeber in Deutschland gewählt. Wohl auch deshalb werden Bewerbungen nur über das Online-Formular akzeptiert. Generell werden Praktikanten für mindestens sechs Monate gesucht. In meinem Fall hat sich BMW jedoch flexibel gezeigt und mir ein dreimonatiges Praktikum ermöglicht. Der ganze Prozess ging dann relativ zügig über die Bühne: Eine Woche nach meiner Bewerbung erhielt ich bereits die Einladung zum Telefoninterview, drei Wochen darauf kam die Zusage.

Ablauf des Interviews / konkrete Fragen

Im Telefonat klopfte der Interviewer aus der Fachabteilung meinen Lebenslauf Punkt für Punkt ab: Warum haben Sie sich für ein Universitätsstudium und nicht für ein Studium an einer FH entschieden? Warum haben Sie gerade diese Schwerpunkte gewählt? Entspricht Ihre Note im Vordiplom dem Durchschnitt an Ihrer Universität? Was hat Ihnen Ihr Auslandssemester gebracht? Danach gingen wir kurz auf die angestrebte Stelle ein: Was stellen Sie sich unter der bewusst sehr kurz gehaltenen Aufgabenbeschreibung vor? Weitere fachliche Fragen wurden in meinem Fall nicht angesprochen.

Tipps / Eindrücke

Der rote Faden in meinem Lebenslauf, ersichtlich durch Praktika und Studienschwerpunkt im Finanzbereich, schien mir für die endgültige Zusage ausschlaggebend gewesen zu sein. Neben ersten Praxiserfahrungen legt BMW sehr großen Wert auf Erfahrungen im Ausland.

In meinen drei Monaten bekam ich neben administrativen Aufgaben ein Projekt zugeteilt, welches ich eigenverantwortlich vorantreiben konnte. Außerdem wurde ich von Anfang an gut ins Team integriert. Etwa nach der Hälfte meiner Praktikumsdauer gab es ein Zielvereinbarungsgespräch, um Wünsche hinsichtlich des Arbeitseinsatzes oder auch Kritikpunkte zu äußern.

3. Daimler

Erfahrungsbericht zum Bewerbungsprozess für das Traineeprogramm CAReer:

Allgemeines zum Bewerbungsprozess

Nachdem man die Hürde eines Online-Tests von zu Hause aus - klassischer IQ-Test und Persönlichkeitsfragebogen - sowie die eines Bewerbungsgesprächs am Telefon überwunden hat, erfolgt eine Einladung zu den Auswahltagen bzw. dem zweitägigen Assessment Center. Hier werden 15 Bewerber für insgesamt 5 Stellen bewertet, wobei man selber für die Stelle, auf die man sich beworbenen hat, 2 Mitbewerbern direkt gegenübersteht.

Ablauf des Interviews / konkrete Fragen

Der erste Auswahltag begann um 13:30 Uhr und enthielt eine gemeinsame Begrüßungsrunde, eine Vor-Ort-Wiederholung des Online-Tests, den Besuch des Daimler-Museums und ein gemeinsames Abendessen im Hotel. Anwesend waren auch einige Daimler-Mitarbeiter. Der erste Tag war relativ locker und man lernte seine Mitbewerber näher kennen. Die relevanten Beobachter der Daimler AG waren mit Ausnahme des Abendessens den ganzen Tag nicht anwesend, so dass man sich nicht ständig "unter Beobachtung" fühlte.

Der zweite Tag begann um 8:00 Uhr, endete um ca. 18:00 Uhr und war folgendermaßen organisiert:

1. Präsentation: Vorbereitung 45 Minuten, Präsentationszeit 10 Minuten + 5 Minuten Fragenstellen durch die Zuhörer (eine Person aus der Fachabteilung und ein Personaler). Das Thema der Präsentation war fachspezifisch. Für den Bereich Produktion ging es bei der Aufgabe um eine undichte Kühlmittelpumpe. Dabei musste das Problem analysiert werden und notwenige einzuleitende Maßnahmen aufgezeigt werden.

2. Gruppendiskussion: 20 Minuten Einzelvorbereitung, 60 Minuten Diskussion in der Gruppe und Präsentation des Ergebnisses vor den Beobachtern. Es wurde genügend Material zur Verfügung gestellt, jedoch muss man sich in der Einzelvorbereitung beeilen, um alle Informationen lesen zu können. Thema der Diskussion war die Auswahl des Standortes für ein neues Entwicklungszentrum Hybrid.

3. Rollenspiel: 20 Minuten Vorbereitung, 15 Minuten Rollenspiel. Ihr Vorgesetzter hält Informationen zurück und stellt Sie in Projektsitzungen bloß. Sie haben einen Termin mit ihm und wollen das Problem lösen. Ihr Ziel ist es, eine wöchentliche Reko zu vereinbaren. Hier ist es wichtig, das Gespräch sorgfältig vorzustrukturieren.

Anschließend folgte die Vorbereitung auf das Einzelinterview und das Mittagessen in der Kantine. Direkt nach dem Mittagessen stellten sich die einzelnen Fachbereiche nochmals ihren Bewerbern vor und es kam zu einer weiteren Gruppendiskussion, diesmal in Englisch (50 Minuten).

4. Englische Guppendiskussion: Zuerst musste man sich vorstellen (beruflicher Werdegang, Hobbys, etc.) und anschließend zu folgendem Thema diskutieren: Die Trainees gehen nach Südafrika, auf was müssen sie achten? Was muss für sie im Vorfeld organisiert werden?

5. Einzelinterview: Vorstellungsgespräch mit dem Fachbereich und dessen Personaler (50 Minuten). Zu Beginn ist eine kurze Selbstpräsentation mit Bezug auf die Unternehmenswerte von Daimler zu halten. Ansonsten ähnelt das Interview einem normalen Vorstellungsgespräch (Stärken/Schwächen/Lebenslauf usw.)

6. Abschlussrunde (30 Minuten): Reisekostenabrechnung und Feedback

Sehr straffes und langes Programm aber sehr gut organisiert. Die Aufgaben waren alle gut zu bewältigen. Allerdings erhielt man nur einen groben Einblick in das Traineeprogramm, bezogen auf den jeweiligen Fachbereich. Am Folgetag erhält man eine Zu- oder Absage sowie ein Feedback und die Ergebnisse des Online-Tests.

Tipps / Eindrücke

Natürlich und ruhig bleiben. Letztendlich zählt die eigene Persönlichkeit und die Sympathie - entweder es passt oder es passt nicht!

4. Ford

Erfahrungsbericht zum Bewerbungsprozess für eine permanente Stelle als Mitarbeiter in der Forschung & Entwicklung von Ford über eine Anstellung bei einem Ingenieurdienstleister:

Allgemeines zum Bewerbungsprozess

In meinem Studium zum Wirtschaftsingenieur an der FH Gelsenkirchen wählte ich den Schwerpunkt »Automobilwirtschaft und -technik«. Im Grundstudium absolvierte ich ein dreimonatiges Praktikum bei einem Ford-Händler, im Hauptstudium folgten fünf Monate im Produktmanagement bei DaimlerChrysler. Der bekannte Automobilexperte Ferdinand Dudenhöffer war mein

Prof. in Gelsenkirchen und vermittelte mir meine Diplomarbeit bei Ford in Köln. Das ermöglichte mir die direkte Zusammenarbeit mit dem Marketing-Direktor Ford Deutschland. Die direkte Übernahme gelang jedoch nicht, weil Ford aufgrund der hohen Verluste der vergangenen Jahre einen weltweiten Einstellungsstopp verhängt hat. Ich nahm den inzwischen üblichen Umweg über eine Agentur. Ich arbeite jetzt zwar permanent in der Forschung und Entwicklung bei Ford, bin aber auf der Gehaltsliste des Dienstleisters. So musste ich gleich zwei Bewerbungen bestehen. Zunächst bewarb ich mich initiativ, bekam ein Interview und wurde dann an die Abteilungsleiterin bei Ford vermittelt. Dort durchlief ich erneut die Stufen Telefoninterview und persönliches Vorstellungsgespräch.

Ablauf des Interviews / konkrete Fragen

Beim Dienstleister meldete ich direkt mein Interesse für Ford an, das Interview war dann auch darauf zugeschnitten: Ein Drittel des Interviews wurde auf Englisch gehalten, denn in dem amerikanischen Unternehmen sind z.B. die meisten Dokumente in englischer Sprache gehalten. Ich berichtete auch von meiner Diplomarbeit und den bisherigen Erfahrungen bei Ford. Im Bewerbungsgespräch bei Ford selbst musste ich mein technisches Basiswissen unter Beweis stellen, eine Frage lautete zum Beispiel: Wie beeinflussen Gewicht, Aerodynamik und die Beschaffenheit des Motors den Kraftstoffverbrauch? Welche Höchstgeschwindigkeit ist für ein bestimmtes Modell mit bestimmter Motorleistung zu erwarten (z.B. Ford Mondeo mit 140 PS und Benzinmotor)?

Meine konsequente Spezialisierung auf die Automobilwirtschaft schon im Studium und meine wechselnden Joberfahrungen im Marketing, Vertrieb und der Entwicklung gaben wohl den Ausschlag. Und das, obwohl ich bislang nie länger im Ausland gearbeitet oder studiert habe. Weil mein Studium an der FH Gelsenkirchen zu etwa gleichen Teilen Ingenieurs- und Wirtschaftswissenschaften verbindet, konnte ich mich sowohl im Produktmanagement als auch jetzt im technischen Bereich schnell zurecht finden und Zusammenhänge zwischen Abteilungen bestens nachvollziehen.

Tipps / Eindrücke

In der F&E arbeite ich für die Arbeitsgruppe »Performance & Fuel Economy«, die dank der Diskussion um Hybridantrieb und Umweltverträglichkeit eine wachsende Bedeutung genießt. Aktuell begleiten wir jeden Entwicklungsschritt des Modells Fiesta, setzen Ziele für den Kraftstoffverbrauch und halten nach den neuesten Technologien auf dem Markt Ausschau. Gerne würde ich ganz zu Ford wechseln, was aufgrund der Finanzlage noch nicht möglich ist. Der Einstieg über eine Agentur ist für das erste Jahr okay, aber man merkt schnell, dass man als »Außenstehender« nicht die Aufstiegschancen eines festen Mitarbeiters hat. Bewerber sollten sich definitiv auch bei den Zulieferern umschauen, denn mitsamt der Wertschöpfung verlagern sich auch die Jobs dorthin. Den letzten Satz im Erfahrungsbericht werden Sie an vielen Stellen des Buches wieder finden. Nehmen Sie sich ihn zu Herzen.

5. Opel

Erfahrungsbericht zum Bewerbungsprozess für einen Direkteinstieg bei Opel / GM:

Allgemeines zum Bewerbungsprozess

Die komplette Abwicklung übernimmt die Personalvermittlung Adecco. Hier laufen alle Fäden zusammen und werden die Termine koordiniert. Als erstes führt man in relativ lockerer Atmosphäre ein Gespräch mit einem Adecco-Mitarbeiter. Wenn man dies erfolgreich gemeistert hat, folgt anschließend ein Interview mit der jeweiligen Fachabteilung bei Opel. Etwa einen Monat später erhält man dann eine Zu- oder Absage.

Ablauf des Interviews / konkrete Fragen

Das erste Gespräch war sehr auf den Lebenslauf fixiert. Es wurde außerdem gefragt, wie man mit Stress umgeht, wie man sich im Team verhält und welche positiven bzw. negativen Erfahrungen man bisher bei einem Projekt erlebt hat. Alle Angaben sollte man anhand eines Beispiels konkret veranschaulichen. Dann folgte ein kleiner Sprachtest auf Englisch. Insgesamt dauert dieses Gespräch etwa 45 Minuten.

Anschließend ging ich zu einem weiteren Gespräch in die Fachabteilung. Hier erzählten einem die potentiellen Kollegen weitere Einzelheiten zur Abteilung und der späteren Tätigkeit. Anschließend wurde man zu seinen bisherigen Arbeitserfahrungen befragt. Darüber hinaus sollte man schildern, wo man sich in fünf Jahren sieht und inwiefern man sich Führungsverantwortung zutraut. Die Hälfte des Gesprächs war auf Englisch und dauerte insgesamt etwa 1,5 Stunden.

Tipps / Eindrücke

Einfach locker bleiben, das Klima ist wirklich sehr angenehm.

6. Porsche

Erfahrungsbericht zum Arbeitsalltag bei Porsche:

Karin Degler überwacht das finanzwirtschaftliche Risiko in der Lieferantenbasis der Porsche AG. Nach Erfahrungen mit kleineren und mittleren Unternehmen in unterschiedlichen Branchen packte sie das Autofieber während Ihrer internationalen Ausbildung bei DaimlerChrysler.

Mein Karriereweg

Controlling, Steuerlehre und Prüfungswesen sowie Außenwirtschaft hießen die Schwerpunkte meines Studiums der Wirtschaftswissenschaften an der Universität Hohenheim/Stuttgart. Mit meinen Praktika wollte ich zum einen erste Berufserfahrungen sammeln und zum anderen in die Prozesse unterschiedlicher Unternehmensgrößen Einblick erhalten, um die Wahl des späteren Arbeitgebers besser treffen zu können.

Bei Schlafhorst Inc. in Charlotte, USA, einem mittelständischen Unternehmen das zu einem Großkonzern gehört, und Spinnmaschinen fertigt, begann ich mein erstes Praktikum im Bereich Controlling und Rechnungswesen. Dort beschäftigte ich mich vorwiegend mit dem Controlling der

Devisenbestände und sammelte erste Erfahrungen in den klassischen Funktionen im Rechnungswesen. Ein Jahr später lernte ich die Firma SINIS Verfahrenstechnik GmbH kennen, bei der ich Tools zur Steuerung der Ertragslage für das Management entwickelte und mich mit weiteren Controlling-Themen beschäftigte. Von diesem Kleinunternehmen mit 60 Mitarbeitern machte ich dann den Sprung zu DaimlerChrysler. Als Praktikantin und später auch Werksstudentin im Bereich Corporate Controlling/Methods arbeitete ich zunächst an einem Projekt zum Konzern-Kapitalkostensatz mit und später an der Implementierung des Value Based Managements innerhalb des Konzerns. Im Gegensatz zu meinen vorigen Praktika wurde mir hier bewusst, dass in einem Konzern politisches Handeln und Networking Grundvoraussetzung für eine erfolgreiche Karriere sind. Gegen Ende des Studiums schloss ich mit einem Praktikum bei Mercedes-Benz in Montvale, USA, an. Für die Daimler-Marke optimierte ich bereichsübergreifend Prozesse und Kosten und konnte so vertiefte Kenntnisse in unterschiedlichen Unternehmensbereichen erwerben.

Um meine Kompetenzen in der Zusammenarbeit mit unterschiedlichen Kulturen zu vertiefen und Einblick in die unterschiedlichen Konzernbereiche bei DaimlerChrysler zu erhalten, bewarb ich mich nach dem Studium erfolgreich für die »Internationale Nachwuchsgruppe« von DaimlerChrysler. Im Rahmen dieses einjährigen Trainee-Programms, bei dem man sich auf ein so genanntes Ankerfeld konzentriert - in meinem Fall »Finanzen/Controlling« - sind vier Projekte in unterschiedlichen Konzernbereichen vorgesehen, sechs Monate davon verbrachte ich im Ausland bei DaimlerChrysler Leasing in Thailand bzw. DaimlerChrysler in Frankreich. In begleitenden Seminaren wird man auf eine Führungsfunktion vorbereitet, indem individuelle Handlungsfelder identifiziert werden und in der Gruppe jeder an sich arbeitet. Wer danach fest von Daimler übernommen werden will, muss sich allerdings wie jeder andere Interessent bewerben. Ich schaffte die Übernahme und bekam eine Stelle in einem Controlling-Stabsbereich bei Mercedes-Benz Pkw, wo ich für die Vorbereitung von projektbezogenen Entscheidungsempfehlungen im Vorstand sowie die Koordination der strategischen Planung Mitteleinsatz zuständig war.

Nach knapp zwei Jahren wuchs in mir der Wunsch nach fachlicher Weiterentwicklung und mehr Verantwortung. Aufgrund interner Restrukturierungsprogramme und nur eingeschränkten Weiterentwicklungsmöglichkeiten schaute ich mich auch bei anderen Automobilherstellern um und fand meine Traumstelle bei der Porsche AG im Bereich Finanzplanung und Informationsmanagement. Hier kümmere ich mich hauptsächlich um das Risikomanagement von Lieferanten. Zur Überwachung des finanzwirtschaftlichen Risikos unserer Lieferantenbasis werden die Lieferanten zur Abgabe eines jährlichen bilanziellen und qualitativ-strategischen Ratings aufgefordert. Durch meine Arbeit können möglichst frühzeitig Risiken durch eine kritische Entwicklung der Finanzlage einzelner Lieferanten erkannt und rechtzeitig Maßnahmen in Abstimmung mit dem Lieferanten zur Sicherung der Produktionsstabilität ergriffen werden. Da ich auch hier in einer Stabsstelle arbeite, fallen weitere vielseitige und spannende Tätigkeiten im Finanzbereich an. Während ich DaimlerChrysler als Arbeitgeber mit unzähligen und spannenden Aufgaben im Finanzbereich und einer sehr internationalen Kultur kennen gelernt habe, steht bei Porsche durch die schlankere Hierarchie und die kleinere Unternehmensgröße ein breiteres Spektrum der einzelnen Aufgaben sowie eine höhere Visibilität des Einzelnen im Vordergrund.

Meine Tipps für Bewerber

Spätestens bei DaimlerChrysler hat mich das »Autofieber« gepackt, inzwischen kann ich mir die Arbeit in einer anderen Branche kaum mehr vorstellen. Für Bewerber bei einem Automobilhersteller sollte grundsätzlich eine Begeisterung für die Produkte vorliegen. Das alleine reicht aber noch nicht für eine erfolgreiche Bewerbung. Eine hohe fachliche Fitness der Bewerber ist sehr wichtig. Nicht nur der Praktikant soll Erfahrungen und praxisbezogenes Wissen sammeln, auch wir wollen vom Wissen, das jeder Praktikant von der Universität mitbringt, profitieren. Teamfähigkeit, Durchsetzungsvermögen und das Einstehen für eigene Standpunkte auch über Hierarchien hinweg sind weitere wichtige Themen. Neben guten Noten stehen bei uns immer auch erste Praxis- und Auslandserfahrungen sowie eine sehr hohe Motivation und Einsatzbereitschaft im Vordergrund. Der Lebenslauf muss ein stimmiges Bild zu einer fachlichen und persönlichen Entwicklung des Bewerbers abgeben. Fragen im Bewerbungsgespräch lauten etwa:

- Welche besonderen Fähigkeiten bringen Sie mit?
- Was interessiert Sie an Porsche über unsere »tollen Produkte« hinaus?

- Passen Ihre Vertiefungen im Studium zu unseren Anforderungen?
- Welches zusätzliche Fachwissen haben Sie sich angeeignet?
- Was kennzeichnet Sie ganz besonders und hebt Sie daher von anderen Bewerbern ab?

7. Robert Bosch

Joo-Seuk Maing, Assistent des kaufmännischen Bereichsvorstands bei der Robert Bosch GmbH, fühlte sich als Berufseinsteiger bei deutschen Industrieriesen gut aufgehoben. An einer internationalen Karriere hat ihn das nicht gehindert – im Gegenteil:

Mein Karriereweg

Mein Vordiplom als Wirtschaftswissenschaftler an der Universität Hohenheim bei Stuttgart kann man rückblickend wohl als »mäßig bis schlecht« betrachten. So war mir zwar der Zugang in die Glitzerwelt der Beratungen verschlossen. Doch als Praktikant im Strategischen Einkauf bei Siemens in Erlangen schlug mich mein Chef für deren Studentenprogramm »TOPAZ« vor. Die Teilnahme sah exklusive Fortbildungen, den Aufbau eines Netzwerks im Konzern sowie internationale Praktika vor.

So machte ich meine erste berufliche Auslandserfahrung bei Siemens im amerikanischen Orlando, wo ich im Projektcontrolling Power Generation (Kraftwerksbau) begann. Der Vice President zeigte sich relativ angetan von meinem kulturellen Hintergrund: Meine Eltern sind Koreaner, aufgewachsen bin ich aber im Süden Deutschlands. Für ihn eine ideale Kombination aus deutschem Unternehmensverständnis gepaart mit exotischen Sprach- und Kulturkenntnissen. Mein nächstes Praktikum machte ich dann mit seiner Unterstützung auch im koreanischen Seoul – wieder bei Siemens, dieses Mal allerdings in einem der International Procurement Offices der Siemens AG in Asien. Nach fünf Monaten kehrte ich zurück und verdiente mir mein Studium bei der Daimler-Tochter Star Cooperation - als »Junior Consultant« unterstütze ich dort ein CRM-Projekt. Über TOPAZ schaffte ich es dann doch noch in die Welt der Unternehmensberatungen: Ein halbes Jahr arbeitete ich im

Inhouse Consulting von Siemens (Siemens Management Consulting) an der Restrukturierung eines Geschäftsbereichs in Frankfurt und Berlin.

Für meine Diplomarbeit ging ich noch einmal nach Südkorea: Bei der Robert Bosch Ltd. Korea schrieb ich über »Kurz- und langfristige Strategien für einen Autozulieferer im koreanischen Markt«. Nach sechs Monaten Diplomarbeit wurde ich als Trainee im Bereich Controlling und Logistik übernommen. Ich konnte den Arbeitern am Band genauso wie dem Abteilungsleiter auf die Finger schauen. Weil das Programm seit Jahrzehnten fest im Unternehmen verankert ist, sind die Mitarbeiter auf Trainees gut vorbereitet.

Im zweiten Ausbildungsjahr landete ich auf dem Kontinent, der mir auf meiner Job-Landkarte noch fehlte: In Brasilien verbesserte ich die Zusammenarbeit mit Zulieferern eines Dieselwerkes. Bosch stellte das Budget für meine portugiesischen Sprachkurse, dreimal in der Woche trat ich zum Intensivkurs an. Durch den zusätzlichen Kontakt zu den Kollegen hatte ich die Sprache bald verinnerlicht.

Heute arbeite ich als Assistent des kaufmännischen Bereichsvorstands bei Bosch und bin weiterhin sehr zufrieden. Mit 260.000 Mitarbeitern erwirtschaften wir 65 Prozent unseres Umsatzes über Kunden aus der Automobilindustrie – Bosch ist damit der weltgrößte Autozulieferer und in fast allen Ländern der Erde vertreten. Zwar strahlt unsere Marke nicht den Glanz der großen Herstellerfirmen aus, einen Unterschied in der täglichen Arbeit sehe ich allerdings nicht. Außer vielleicht bei den sozialen Leistungen: Bezahlte Überstunden, Erfolgsprämien, Weihnachtsgeld, Gleitzeit und 30 Tage Urlaub gehören traditionell zu den Vorzügen des Konzerns. Die relative Jobsicherheit und die Arbeit der Robert Bosch Stiftung sorgen zusätzlich für ein gutes Gefühl.

Als nächsten beruflichen Schritt könnte ich mir eine längere Station im Ausland vorstellen. Freunde, die ich über das Traineeprogramm kennen gelernt habe, arbeiten mittlerweile als Marketing-Spezialisten in Shanghai, Sales Manager in Göteborg, Applikationsingenieure in Turin, Regional-Controller in São Paulo oder Forscher in Gerlingen. Wenn man offen ist für Neues und die schwäbischen Eigenheiten akzeptieren kann, dann ist Bosch ein spannender Arbeitgeber.

Meine Tipps für Bewerber

Neben Englisch sollten Bewerber bestenfalls noch eine zweite Fremdsprache verhandlungssicher beherrschen. Gerade in den Boom-Märkten Indien und China braucht man ein ausgewiesenes Verständnis für die örtliche Kultur. Bewerber in der Autobranche sollten zudem eine Affinität zur Technik haben, denn die Produkte werden zunehmend komplexer. Ein Engagement neben dem Studium und der Nachweis sozialer Kompetenzen machen sich ebenfalls gut.

Bosch erhält für das Traineeprogramm bis zu 600 Bewerbungen im Monat – alle werden zentral gesichtet, die besten Kandidaten laden wir zu unserem Bewerbertag »Applicants@Bosch« ein. Zu etwa gleichen Anteilen stellen sich dort die Bewerber und das Unternehmen vor. Die Interessenten präsentieren eine Fallstudie, die ihnen vorab per Post zur Bearbeitung gesendet wurde. Bei der Gruppenübung erhalten die Teilnehmer eine bestimmte Aufgabe (z.B. »Welche Folgen hat eine Umsiedlung des Werkes A nach Standort B?«), nehmen eine bestimmte Position im Unternehmen ein und müssen im Folgenden ihren Standpunkt vertreten. Wer hier die Ellenbogen ausfährt hat schlechte Chancen - der kooperative Charakter sollte im Vordergrund stehen. Von 40 Teilnehmern laden wir vier bis acht zu einem weiteren persönlichen Gespräch ein.

Hier sollte der Bewerber gute Argumente für die im Lebenslauf getanen Schritte bereit halten. Wie erklärt sich die ein oder andere schwache Note? Was haben die vorangegangen Praktika gebracht? Letztlich schreibt der Leitfaden bei Bosch vier Kriterien vor, die der kommende Führungsnachwuchs erfüllen sollte:

- Unternehmerkompetenz (Ergebnisorientierung, Zukunftsorientierung)
- Führungskompetenz (Führungsstärke, Anwendung der Führungsinstrumente)
- Sozialkompetenz (Kooperation, Kommunikation)
- Fach- und Methodenkompetenz (Erfahrungsbreite, Tiefe des Wissens)

8. Toyota

Erfahrungsbericht zum Bewerbungsprozess für eine Trainee-Stelle im Vertrieb und Verkauf bei Toyota in Belgien:

Allgemeines zum Bewerbungsprozess

Im BWL-Studium habe ich den Schwerpunkt Marketing gewählt, während meiner Praktika machte ich Erfahrungen beim Zulieferer Siemens VDO Automotive und der Beratung Simon Kucher & Partners. Bayer in Mexiko, der Mischkonzern Psyma in Spanien und mein Praktikum beim International Herald Tribune rundeten mein internationales Profil ab. Toyota schien mir ein attraktives und dynamisches Unternehmen mit sehr guten Produktionsabläufen und einem Top-Kundenmanagement. So bewarb ich mich nach meinem Studium für eine Trainee-Stelle dort.

Zunächst musste ich online diverse Tests durchführen: Kurvendiskussionen, Analyse von Graphen und Tabellen, Reihenfolgen vervollständigen, Unterschiede und Gemeinsamkeiten entdecken usw. Im sprachlichen Teil musste ich Fragen zu einer vorangegangenen Textpassage beantworten. Abschließend kam noch ein psychologischer Multiple-Choice-Teil: Welche Figuren sind Ihnen sympathisch? Wie verhalten Sie sich in einer bestimmten Situation? Welches Verhalten entspricht Ihrem Typ? Der Test läuft unter Zeitdruck und ich habe gute Ergebnisse mit der Strategie erzielt, einzelne Fragen zu überspringen, um andere möglichst richtig zu lösen. Ich wurde dann zu einem Einzelgespräch mit einem Personaler und zwei Wochen später zu einem weiteren Gespräch mit der Geschäftsführung des Vertrieb Europa eingeladen.

Ablauf des Interviews / konkrete Fragen

Man beschrieb mir kurz den Ablauf des Trainee-Programms: Zwei Jahre lang durchläuft man internationale Stationen in diversen Vertriebsabteilungen, hinzu kommen interne Ausbildungsseminare. Trainees sind direkt dem europäischen Vertriebsleiter von Toyota unterstellt. Im Gespräch konnte ich durch meine Internationalität, praxisnahe Ausbildung, Teamarbeit und Motivation glänzen.

Konkret fragte man mich, was mich in die Automobilbranche zieht und warum ich gerade bei Toyota beginnen möchte. Weiterhin:

- Was sind Ihre Stärken, was sind Ihre Schwächen?
- Welche schwierigen Situationen haben Sie erfolgreich gemeistert?
- Nennen Sie uns ein Beispiel, wie Sie mit komplexen Fragestellungen erfolgreich umgegangen sind.
- Was hätten Sie in dieser Situation besser machen können?
- Wo sehen Sie sich in zwei, fünf und zehn Jahren?
- Wie stellen Sie sich ein ideales Arbeitsumfeld vor?

Die Interviews sind sehr durchstrukturiert, es findet so gut wie keine persönliche Interaktion statt. Daher ist es wichtig, den vorgegebenen Fragenkatalog »abzuarbeiten«. Allerdings wiederholen sich insbesondere in den letzten Runden die Fragestellungen, so dass man schon einen Eindruck hat, was erwartet wird. Toyota legt insbesondere Wert auf Motivation, Kreativität, Internationalität und analytisches Denken. Man merkt deutlich, dass das Unternehmen seine klaren Strukturen auch im Recruiting verwendet.

Die numerischen Tests versuchen den Kandidaten unter Zeitdruck zu setzen, sind allerdings mit soliden Mathekenntnissen machbar. Ebenfalls wichtig: Die Analyse und Interpretation von Tabellen, Graphen und Statistiken. Sprachliche Tests sind auf das Textverständnis ausgerichtet und manchmal sehr knifflig. Auch hier spielt der Zeitfaktor eine wichtige Rolle. Erst gegen Ende habe ich noch einige individuelle Fragen zu Arbeitsatmosphäre, Unternehmenswerten und Detailfragen zum Programm bzw. der Abteilung gestellt, ansonsten lief alles sehr unpersönlich ab.

Das Feedback kam sehr zeitnah, war aber recht knapp in der Formulierung. Die Testergebnisse werden noch im Laufe des ersten Interviewtages genannt, da eine bestimmte Quote erreicht werden muss. Auf ein detailliertes Feedback wurde allerdings kein Wert gelegt.

Tipps / Eindrücke

Der gesamte Bewerbungsprozess lief sehr effizient aber auch unpersönlich ab. Das Recruiting wird extern aus Großbritannien gesteuert, so dass man eigentlich erst in der letzten Runde tatsächlich Kontakt mit dem Unternehmen hat. Dies lief allerdings teilweise sehr chaotisch ab, Einladungen zum Vorstellungsgespräch wurden verschickt, um dann widerrufen zu werden. Insgesamt war der Ablauf des Auswahlverfahrens für mich nicht überzeugend und das Angebot im Anschluss - verglichen mit Wettbewerbern – enttäuschend. Insgesamt fand ich die Atmosphäre eher kühl, fast unangenehm.

Man merkt deutlich, dass in erster Linie Wert auf Effizienz gelegt wird, weniger auf eine angenehme Unternehmenskultur. Insgesamt hatte ich den Eindruck, dass alles sehr international aufgestellt ist, allein in Brüssel arbeiten 50 verschiedene Nationalitäten. Japan ist immer präsent, rückt aber im Augenblick ein wenig in den Hintergrund, da man bewusst die europäische Expansion vorantreiben möchte. Daher werden international geprägte, gut ausgebildete Europäer dringend gesucht. Allerdings hat man den Eindruck, dass sie noch nicht genau wissen, wie man diese tatsächlich binden kann.

9. Volkswagen

Erfahrungsbericht zum Bewerbungsprozess für ein Praktikum in der Beschaffungsabteilung bei der Volkswagen AG:

Allgemeines zum Bewerbungsprozess

Ein Personaler aus der Beschaffungsabteilung von Volkswagen bot mir das Praktikum über die Business-Plattform Xing an. Weil ich den angefragten Termin im Sommer 2007 nicht wahrnehmen konnte, bot ich ihm eine Zusammenarbeit im Frühjahr 2008 an - für ihn kein Problem. Ich schickte meinen Lebenslauf, die wichtigsten Zeugnisse und Teilnahmebescheinigungen und wurde daraufhin zum Bewerbungsgespräch in die Zentrale nach Wolfsburg eingeladen.

Ein anderer Bewerber berichtet uns von seinen Erfahrungen mit VW Consulting: Nachdem das Interview telefonisch abgesprochen wurde, bekam ich eine Einladung per E-Mail, die schriftlich bestätigt werden sollte. Dann folgte noch eine Einladung von der VW-Personalabteilung »zu einem unverbindlichen Vorstellungstag« auf dem Postweg, für die wiederum eine Bestätigung erbeten wurde. Zusammen mit der Einladung kam auch ein Personalbogen, in dem man den Lebenslauf wiederholen und auch weitere Angaben machen sollte, wie etwa den Beruf des Ehepartners, evtl. Steno-Fähigkeiten und Anschläge pro Minute beim Maschinenschreiben.

Ablauf des Interviews / konkrete Fragen

Es war ein sehr lockeres Gespräch unter vier Augen. Nach kurzer Begrüßung und Kaffee meinte er: »Tja, dann erzählen Sie mir mal etwas über sich.« Ich berichtete ihm dann von meinen persönlichen Erfahrungen und Interessen, die sich nicht direkt aus dem Lebenslauf ergaben. Dass ich die Uni eher als Weg zu meinem beruflichen und teils privaten Ziel sehe und ansonsten als sehr trocken empfinde. Dass ich sport- und reisebegeistert bin hat ihm, glaube ich, sehr gefallen. Meine Erfahrungen in Südamerika und Australien haben ihn aber am meisten beeindruckt.

Konkret kamen diese Fragen im Interview vor: Wie haben Sie ihre Auslandsaufenthalte empfunden? Was möchten Sie später einmal machen? In welchen Bereichen möchten Sie arbeiten? Was wissen Sie über die Volkswagen AG? Was interessiert Sie speziell an der Automobilbranche? Welche Erfahrungen bringen Sie aus Ihrem letzten Job mit? Erzählen sie doch mal von Ihrem Basketball Team!

Im zweiten Teil gingen wir näher auf das Unternehmen ein: Welche Marken vertreibt VW? Wie hoch liegt der Umsatz pro Jahr? Wie stellen Sie sich den Bereich Beschaffung bei VW vor? Ich wusste nicht alles perfekt und dieser Teil viel auch sehr kurz aus.

Nachdem ich über Wünsche bezüglich meines Praktikums gesprochen hatte, bot er mir bereits das »Du« an und sagte, dass er sich für mich entschieden hätte! Danach sprachen wir noch über den zeitlichen Rahmen des Praktikums und die Vergütung.

Unser Kandidat bei VW Consulting berichtet hingegen: Das Auswahlverfahren begann mit einer Gruppendiskussion aller Teilnehmer. Dafür waren 30 Minuten vorgesehen, die VW-Mitarbeiter beobachteten die Gruppe dabei. Dann gab es 15 Minuten Vorbereitungszeit für eine Präsentation. Anschließend fanden dann Präsentation und zwei Case-Interviews mit jeweils einem Berater in beliebiger Reihenfolge statt. Die Präsentation sollte fünf Minuten dauern, auf die dann noch Fragen folgten, die Interviews etwa 15-20 Minuten.

a) Gruppenarbeit: Sie sind in der Geschäftsleitung einer Möbelhaus-Filiale, die auf Beschluss des Konzernvorstands in sechs Wochen geschlossen werden soll. Verkaufen Sie das Inventar mit geringer Marge, transferieren Sie die Mitarbeiter in eine andere Filiale und berücksichtigen Sie den Sommerschlussverkauf.

b) Qualitativer Case: Wie kann ein Kekshersteller den Preis erhöhen, ohne dass der Kunde es merkt? Lösungsansatz: Aufgabe hinterfragen. Es wurde anscheinend erwartet, auch auf Kostensenkungspotenziale einzugehen, und das natürlich mit einer gewissen Struktur.

c) Quantitativer Case: Ein Veranstalter von wöchentlich stattfindenden After-Work-Partys will einen Gewinn von 3000 EUR machen. Wie hoch dürfen die Mietkosten maximal sein? Lösungsansatz: Gewinngleichung aufstellen, Punkte auf Umsatz- und Kostenseite identifizieren und approximieren.

Tipps / Eindrücke

Erste Regel: Sich selbst treu bleiben, nicht verstellen! Die Persönlichkeit war im Interview sehr wichtig, gleich zu Anfang wurde mir gesagt, dass Noten nur zweitrangig sind. Entscheidend sei hingegen, wer ins Team passt und die Mannschaft weiterbringt. In jedem Fall sollten sich Bewerber intensiv über das Unternehmen informieren und wenigstens ein bisschen für Autos schwärmen.

Die meist jungen Mitarbeiter wirkten auf mich sehr dynamisch und aufgeschlossen. Ich habe eigentlich nur eine Person näher kennen gelernt, jedoch hatte ich das Gefühl, dass man sich dort wirklich wohl fühlen kann und weder Mobbing noch Langeweile aufkommen. Das Praktikum wird mit 500 Euro netto im Monat vergütet.

10. Volkswagen

Christoph Hohmann, Projektmanager bei Volkswagen Consulting in Wolfsburg, erzählt uns von seinem Weg in die Automobilbranche über die Beratung und wieder zurück. Bewerbern rät er, eine wahre

Faszination für das Produkt Auto mitzubringen und die Karriere selbstbewusst und zügig voranzutreiben:

Mein Karriereweg

Nach meinem Abitur wollte ich vor allem ein schnelles, internationales und praxisnahes Studium machen. Als Autonarr wusste ich schon früh, dass die Branche diese Qualifikationen voraussetzt. Ich entschied mich für die University of Bath in England und startete dort 1994 meinen Bachelor in Business Administration. Im Gegensatz zu einigen deutschen Alternativen waren die Kurse mit 80 Studenten pro Jahrgang hier angenehm klein. Internationale Pflichtpraktika waren im Curriculum bereits festgeschrieben und die Kontakte zu Unternehmen ebenfalls ausgezeichnet. Meine ersten beiden Praktika in der Schweiz und in den USA absolvierte ich bei Marketing-Beratungen. Für mein drittes Praktikum schickte ich 36 Bewerbungsmappen an Autofirmen auf allen Kontinenten – Ford Motor in Neuseeland antwortete am schnellsten und so stieg ich dort im »Brand Management« ein.

Das halbe Jahr dort erwies sich als äußerst hilfreich, denn darauf bekam ich eine feste Stelle angeboten. Zum Ende des Studiums – ich war gerade mal 22 Jahre alt - entschloss ich mich aber zunächst dafür, einen Master an der London School of Economics drauf zu legen. Schließlich stieg ich 1999 als Trainee im Vertrieb und Marketing in der Deutschlandzentrale von Ford in Köln ein. In fast dreieinhalb Jahren arbeitete ich u. a. im Inhouse-Consulting, bei der Verkaufsförderung und im Customer Relationship Management (CRM). Dann standen bei Ford jedoch Sparmaßnahmen an, Einstellungs- und Beförderungsstopps zählten zu den Maßnahmen. Ich aber wollte weiter ins Management und Führungsverantwortung übernehmen.

Das erreichte ich mit dem Wechsel zu Renault Nissan in Brühl, unweit von Köln. Dort konnte ich direkt als Leiter der neu entstehenden Abteilung »CRM & Internet« einsteigen. Hier durfte ich von Beginn an ein kleines Team führen und hatte - nach klarer Zielsetzung mit meinem Chef - sehr viele Entscheidungs- und Gestaltungsfreiheiten. Fast zweieinhalb Jahre blieb ich in dieser spannenden Position, doch leider kam es auch hier wegen einer zunehmenden internationalen Zentralisierung von Budgets und inhaltlichen Entscheidungen zu Einschränkungen in meinem Einflussbereich und Aufgabenspektrum.

Für mich der Antrieb, es noch einmal aus der Perspektive des Beraters zu probieren. Bei Mercer Management Consulting fand ich diese Herausforderung. Ganz klar: Der geregelte Feierabend war damit passé. Die Arbeit wurde schneller und fordernder, durch den ständigen Umgang mit High Potentials wird die eigene Dynamik stark gefordert. Aber genau diesen Kick hatte ich gesucht - ohne dabei allerdings »Berufsberater« werden zu wollen.

In fast zwei Jahren als »Associate Automotive Practice« hatte ich mir wertvolles Berater- und Methodenwissen angeeignet und wechselte zurück in die Industrie: Seit September 2007 bin ich in Projektmanager im Inhouse Consulting bei Volkswagen in Wolfsburg. Formal arbeite ich als Angestellter, agiere aber genauso wie ein externer Berater - mit dem Unterschied, das ich auch Projekte mit sensiblen Entwicklungsdaten betreuen darf.

Betriebswirtschaftler, die ins Autobusiness wollen, gehen klassischerweise den umgekehrten Weg: Erst die Feuerprobe in der Automotive-Beratung, dann auf einen Posten in der Industrie wechseln. Mir half beim Einstieg ins Consulting, dass ich schon Management-Erfahrung und Insiderwissen aus der Branche mitbrachte. Für den Job bei Volkswagen wiederum konnte ich mit meinen Berater-Kenntnissen punkten.

Meine Tipps für Bewerber

Begeisterung & Verständnis:

Vor mir saß ein Bewerber, der bei der Deutschen Bahn gearbeitet hatte. Befragt nach seiner Motivation für die Autobranche meinte er »das hätte ja auch etwas mit Mobilität zu tun.« Mit solch einer schwammigen Erklärung kommt man nicht weit! Tatsächlich müssen Sie für das Produkt Automobil »brennen«, und zwar unabhängig davon, ob man im Controlling, Marketing oder als Ingenieur einsteigt. Zweitens muss ich die Besonderheiten dieser Industrie verstehen: Die Entwicklungszeit eines neuen Modells beträgt rund vier Jahre. Um einen Gewinn zu erwirtschaften, muss ich das gleiche Modell mindestens sechs Jahre erfolgreich verkaufen. Das Auto ist die zweitgrößte Investition eines Menschen und zudem eines der kompliziertesten Produkte überhaupt. Für die Autobranche - eine der letzten Bastionen der Schwerindustrie - muss man also ein spezielles Interesse entwickeln.

Unternehmenskultur & Chancen:

In jedem Unternehmen gibt es Meinungsführer – bei Ford waren es traditionell die Finanzler, bei Porsche eher die Ingenieure. Wer in einem Unternehmen das Sagen hat, lässt sich leicht an der Zusammensetzung und Prägung des Vorstandes ablesen. Wer als BWLer zu einem von Wirtschaftlern geführten Unternehmen geht, hat es entsprechend einfacher in der Gunst nach oben zu kommen. Und: Mehr als auf die richtige Marke, sollte man nach den besten Chancen im Unternehmen suchen. Will ich international arbeiten, schnell Führungsverantwortung tragen und passen die vom Unternehmen vertretenen Werte zu mir? Das ist wichtiger, als sich auf den »richtigen« Namen und die eindrucksvollste Marke zu versteifen.

Netzwerk & Praktika:

Der frühzeitige Aufbau von Kontakten in die Branche ist Gold wert. So weiß man einerseits, was einen erwartet und man versteht andererseits die Denkweise des Gegenüber (z.B. im Vorstellungsgespräch). Wer schon mal ein Praktikum beim angestrebten Arbeitgeber absolviert hat, genießt ebenfalls deutlich bessere Chancen. Das gilt auch, wenn man bei Ford in Neuseeland gearbeitet habe und später beim gleichen Konzern in Deutschland einsteigen will. Außerdem helfen Kontakte auch später im Berufsleben, da in vielen Großkonzernen der »kurze Dienstweg« sehr viel Zeit sparen kann.

Landes-, Europa- oder Weltzentrale?

Bewerber sollten sich außerdem die Standortfrage stellen. Wenn ich bei der Weltzentrale einsteige – bei VW also in Wolfsburg – habe ich mittelfristig deutlich höhere Chancen auf einen Auslandseinsatz als etwa bei einem Einstieg in einer Landesgesellschaft. Während die Zentrale global denkt, versuchen die Landesgesellschaften eher, wie ein eigenständiges Unternehmen Talente zu halten. Obwohl die Branche Auslandserfahrung fordert, müssen sich Berufsanfänger in den ersten Jahren auf rein nationale Einsätze vorbereiten. Und: Nicht wundern, wenn Global Player wie BMW oder Audi in Bayern in der Berufsrealität stark regional geprägt sind – sowohl was den Mitarbeitermix als auch die Kultur betrifft.

Das Bewerbungsgespräch

Ich möchte, dass sich ein Bewerber vor allem zwei Dinge gründlich überlegt hat: Warum brauchen die gerade mich? Und: Warum will ich genau diese Stelle haben? Ein neuer Kollege muss eine Lücke schließen und das Team weiter voran bringen. Interessenten können sich etwa durch den Geschäftsbericht des Unternehmens vorbereiten und die dort genannten Unternehmenswerte und -ziele im Gespräch einbringen. Welche will der Konzern in den kommenden Jahren erreichen? Und welchen Beitrag kann ich dazu leisten?

Ich möchte einen lückenlosen Lebenslauf mit einem zügig abgeschlossenen Studium vor mir sehen. Jeden Stellenwechsel sollte der Bewerber glaubwürdig als eine strategische und selbstmotivierte Entscheidung darlegen können. Mein neuer Mitarbeiter muss einen Führungsanspruch für sich selbst und andere hegen. Begeisterung, Mut, Durchsetzungsvermögen, Zähigkeit und auch Spaß sind weitere wichtige Werte. Meine entscheidende Frage lautet schließlich: Warum passt dieser Mensch gerade jetzt genau zu meinem Unternehmen?

11. Seat

Ein Führungsverantwortlicher der Unternehmensstrategie bei Seat in Barcelona rät Berufsanfängern, schon früh am eigenen Netzwerk zu basteln. Mit der Festlegung auf einen Fachbereich sollte man sich dagegen Zeit lassen:

Mein Karriereweg

1994 begann ich mein Studium zum Wirtschaftsingenieur an der Uni Karlsruhe. Meine ersten beiden Pflichtpraktika absolvierte ich im ansässigen Forschungszentrum Karlsruhe und bei der Siemens AG. Im Hauptstudium wechselte ich für zwei Semester an die University of Massachusetts und machte anschließend mein Praktikum bei der Bayer AG in Pittsburg. Dort arbeitete ich in der strategischen Planung und im Einkauf, was sich zu einem roten Faden in meiner Karriere entwickeln sollte. Zurück in Deutschland und in den letzten Zügen meines Studiums, besuchte ich einen Recruiting-Workshop des Personaldienstleisters

»access«, wo sich diverse Autohersteller persönlich vorstellten. Wer hier teilnehmen wollte, musste schon vorab beim Veranstalter ein schnelles und internationales Studium mit Top-Noten vorweisen können. Ich gab meine Bewerbungsmappe bei verschiedenen Firmen ab und nahm schließlich ein Angebot von Daimler für die »Internationale Nachwuchsgruppe« an.

Zu dieser Zeit war gerade die Fusion mit Chrysler über die Bühne gegangen und der Konzern wirkte mit seiner globalen Aufstellung äußerst attraktiv. Schon an der Universität hatte ich fächerübergreifend gearbeitet und ein eher generalistisches Studium absolviert. Die Internationale Nachwuchsgruppe von DaimlerChrysler bot den Vorteil, sich nicht von vornherein auf einen Bereich festlegen zu müssen, sondern nach Durchlaufen verschiedener Unternehmensteile am Ende Freiheit bei der Wahl der Übernahmestelle zu haben. Nach Ende meiner 16 Monate als Trainee, zwei Auslandseinsätzen in Südafrika und Georgien sowie zahlreichen Weiterbildungsmodulen, wechselte ich in den Fachbereich Einkauf. Anderthalb Jahre arbeitete ich dort u. a. an einem Projekt zur Kostenoptimierung, bei dem uns ein Beraterteam von McKinsey unterstützte.

Nach drei Jahren bei einem Automobilhersteller wollte ich die Chance nutzen und noch einmal über den Tellerrand schauen. Die Beratung war hier aus meiner Sicht ein idealer Zwischenschritt. So wechselte ich in die »Automotive Practice« von Mercer Management Consulting und kam durch die Arbeit bei verschiedenen Kunden noch einmal mit allen Facetten der Autoindustrie in Kontakt. Was mir beim Einstieg dort sehr half war die bisherige stark projektbezogene und internationale Arbeit. So bekam ich schneller Verantwortung und Freiräume zugesprochen, als es direkt nach dem Studium denkbar gewesen wäre. Zweieinhalb Jahre blieb ich bei Mercer und entwickelte mich sowohl fachlich als auch methodisch sehr stark weiter.

Ein Headhunter bot mir schließlich einen Posten im Management bei Audi an und so fand ich meinen Weg zurück in die Automobilindustrie. Etwa zwei Jahre übernahm ich dort eine Stabsfunktion in der Einkaufsstrategie und leitete z.B. bereichsübergreifende Projekte zu den Themen Prozess- und Kostenoptimierung. Als der Vorstand meines Bereichs schließlich zum Präsidenten der spanischen VW-Tochter Seat in Spanien berufen wurde, wechselte ich mit - als Leiter der Unternehmensstrategie von Seat. Auch hier ist eine generalistische Ausbildung und schnelle Einarbeitung in verschiedenste Themen wichtig: Produkt- und Personalstrategie sowie Vertriebsthemen gehören zu meinem Aufgabenbereich.

Als relativ kleine Marke mit 14.000 Mitarbeitern ist Seat vergleichsweise schlank: Die Kultur ist fast mittelständisch, die Dienstwege kurz. Seit kurzem schreibt der Konzern wieder schwarze Zahlen, und wenn unsere Modellstrategie aufgeht, können wir die Konsolidierungsphase bald abschließen.

Meine Tipps für Bewerber

Meines Erachtens interessieren sich Personaler vor allem für diese Kriterien:

- hervorragende Noten
- zügiges Studium
- mindestens ein Jahr Auslandserfahrung und interessante Praktika
- flüssige Beherrschung des Englischen und der Landessprache
- analytisches Denken
- »Teamplayer«

Auch berufliche Vorerfahrungen im Konzern sind ein gutes Argument für Ihre Einstellung.

Insbesondere auf Assessment Center sollte man sich intensiv mit Hilfe der einschlägigen Literatur vorbereiten, um nicht zu sehr ins kalte Wasser geworfen zu werden. Meiner Meinung nach kann man sich im Gegensatz zu der Position vieler Personaler sehr wohl gut auf Assessment Center (AC) vorbereiten und zu einem gewissen Teil die Rolle auch »spielen«, die Beobachter von einem sehen wollen. In meinen insgesamt vier ACs kamen die unterschiedlichsten Themen und Aufgaben vor, von der klassischen Postkorb-Übung bis hin zu Gruppenübungen, in denen es z.B. darum ging, im Team verschiedene Waagen aus Einzelteilen zu konstruieren und zu eichen. Auch auf kleine Case Studies und Brainteaser sollte man sich einstellen, wie zum Beispiel die Aufgabe, sich einmal Gedanken zu machen, wie in England die Infrastruktur von Links- auf Rechtsverkehr umgestellt werden könnte. In den Gruppendiskussionen sollten Sie die Rolle des heimlichen Moderators einnehmen, selbstbewusst das Gespräch lenken, ohne dabei andere Beteiligte auszuschließen.

Der Einstieg in die Industrie als Trainee ist sicherlich ein sehr guter Weg, um sich einen breiten Überblick zu verschaffen und das Netzwerk zu knüpfen. Jedoch ist ein solches Traineeprogramm noch lange keine Karrieregarantie. Häufig genug wird man eher als »Edelpraktikant« gesehen und bekommt auch nach einem Einstieg in einer Fachabteilung keinen Sonderbonus. Schauen Sie sich die Kultur Ihres angestrebten Fachbereichs an, den Altersdurchschnitt, die Förderprogramme. Klären Sie genau Ihre Weiterentwicklungsperspektiven ab und versuchen Sie, klare Ziele und Meilensteine zu vereinbaren. Ein wirtschaftlich erfolgreiches Unternehmen mit beeindruckenden Produkten muss noch lange kein perfekter Arbeitgeber sein.

Die letzten beiden Stufen meiner Karriereleiter wurden gar nicht erst ausgeschrieben – Kontakte waren das A und O. Deshalb rate ich dazu, schon frühzeitig das eigene Netzwerk aufzubauen. Das gelingt Ihnen eher, wenn Sie sich am Start Ihrer Karriere nicht direkt auf eine bestimmte Position festlegen. Generalisten erhalten vielfältigere Eindrücke vom Unternehmen und treffen Entscheider aus unterschiedlichsten Positionen. Besonders intensiv können Sie dies natürlich in einer Beratung erleben. Nutzen Sie diese »Zwischenstation« als Karrierebeschleuniger. Auch wenn Ihnen das Geschäft als Berater viel abverlangen wird: Sehen sie es als Investment in Ihre langfristige Karriere. Schnelle Karrieren werden insbesondere durch Mentoren ermöglicht, die Ihnen persönliche Wertschätzung entgegenbringen und Sie fördern. Als Trainee bekommt man in der Regel einen Mentor zugeteilt. Versuchen Sie auch, auf den späteren Stationen gezielt solche Kontakte zu pflegen und aufzubauen.

Insbesondere bei einer generalistischen Ausbildung wie BWL oder Wirtschaftsingenieurwesen sollte man sich meiner Meinung nach auch nach dem Berufseinstieg noch genügend Flexibilität erhalten, um sich beruflich schnell weiterentwickeln zu können. Denn die Chancen hierfür steigen mit der Bereitschaft, alle zwei bis drei Jahre zumindest die Funktion - wenn nicht sogar das Unternehmen - zu wechseln. Wichtig ist hier nur, dass es einen »roten Faden« im Lebenslauf gibt.

E. Unternehmensprofile und Kontakte

Die folgenden Unternehmensprofile und Informationen sind in Zusammenarbeit mit den jeweiligen Unternehmen erstellt worden. Sie finden darin aufschlussreiche Informationen über die Unternehmenskultur sowie detaillierte Berichte über den Bewerbungsprozess und die Karrieremöglichkeiten bei Top-Unternehmen der Branche, die Ihnen helfen werden, den richtigen Arbeitgeber für sich zu finden.

Wir bedanken uns bei den teilnehmenden Unternehmen und ihren Mitarbeitern für ihre wertvollen Angaben und Insider-Tipps. Darüber hinaus möchten wir uns für die finanzielle Unterstützung in Form der Anzeigenschaltungen bedanken.

Tipp: Beziehen Sie sich bei Ihrer Bewerbung auf das jeweilige Unternehmensprofil in diesem Buch! Zeigen Sie damit, dass Sie sich im Vorfeld gut informiert haben.

Continental AG

Vahrenwalder Straße 9
30165 Hannover
Tel: +49 (0)511 938-01
→ www.conti-online.com

Das sagt das Unternehmen ...

... über sich selbst:

Der Continental-Konzern gehört mit einem anvisierten Umsatz von 25 Milliarden Euro im Jahre 2008 weltweit zu den führenden Automobilzulieferern. Als Anbieter von Bremssystemen, Systemen und Komponenten für Antrieb und Fahrwerk, Instrumentierung, Infotainment-Lösungen, Fahrzeugelektronik, Reifen und technischen Elastomerprodukten trägt das Unternehmen zu mehr Fahrsicherheit und zum Klimaschutz bei. Continental ist darüber hinaus ein kompetenter Partner in der vernetzten automobilen Kommunikation. Das Unternehmen beschäftigt derzeit rund 146.500 Mitarbeiter an nahezu 200 Standorten in 36 Ländern.

... über die Karriere:

Eine Einschätzung der gesuchten Hochschulabsolventen für das Jahr 2009 ist erst in zwei bis drei Monaten möglich. Grundsätzlich werden auch in 2009 hochqualifizierte Absolventen nahezu aller Fachrichtungen gesucht. Für eine Ausbildung stellt ein gutes Abitur bzw. sehr guter Realschulabschluss mit ausgezeichneten Noten in Naturwissenschaften, Mathematik und Sprachen die Voraussetzung dar. Hochschulabsolventen sollten einen guten Abschluss, Auslandserfahrung, gute Sprachkenntnisse in Englisch und mehrere Praktika vorweisen können.

... über das Bewerbungsverfahren:

Ihre Karriere kann über eine unserer offenen Stellen oder mit einer unserer Talentinitiativen starten. Wir bieten verschiedene Programme an, in denen Sie das Unternehmen und das Tätigkeitsspektrum kennen lernen können. Wir vermitteln Ihnen die Kenntnisse, die Sie benötigen, um Ihren »Job« zu meistern, die aber auch über den Tellerrand hinausgehen. Die Programme umfassen Projekteinsätze und Basistrainings, Einsätze in anderen Funktionsbereichen und in ausländischen Gesellschaften.

IMC Networks GmbH

Beethovenplatz 2
80336 München
+49 (0) 89 217 537 350
→ www.imc-networks.de
perspectives@imc-networks.de

Das sagt das Unternehmen ...

... über sich selbst:

IMC Networks ist eine stark expandierende, international tätige Unternehmensberatung mit Spezialisierung auf die Automobilindustrie. Unsere Kunden sind sowohl führende Automobilhersteller als auch Automobilzulieferer, die wir in strategischen, operativen und IT-spezifischen Fragestellungen entlang der gesamten Wertschöpfungskette unterstützen. Unser Beraterteam besteht in Deutschland aus 60 Beratern, weltweit sind es 270. Der Bürostandort in Deutschland ist München.

Die IMC Networks Philosophie prägt unsere Arbeit einschlägig. Ein ganzheitlicher Beratungsansatz mit starkem Fokus auf die Umsetzungsorientierung in enger Zusammenarbeit mit dem Kunden, schnelle Erfolge sowie ein nachhaltig messbarer Kundennutzen repräsentieren unsere Arbeitsweise. Fachliches Know-how, generiert aus zahlreichen Projekten, in Kombination mit unserer stetig wachsenden Branchenexpertise lässt uns den höchsten Ansprüchen und Erwartungen unserer Klienten gerecht werden.

Hoch motivierte, unternehmerisch denkende und handelnde IMC Networks Berater schaffen täglich Mehrwert bei unseren Kunden vor Ort. Durch unser globales Netzwerk an Standorten und Spezialisten sind wir in der Lage, auf kurzfristigste Veränderungen der Branche zu reagieren und unsere Klienten nachhaltig in der Bewältigung neuer Herausforderungen zu unterstützen.

Be passionate. Become Automotive Consultant.

Warum nicht die eigene Leidenschaft zum Beruf machen?

Sie sind automobilbegeistert, möchten gerne die Zukunft der Automobilindustrie mitgestalten, mit Ihrem eigenen Wissen die ständig wechselnden Herausforderungen bewältigen und gleichzeitig Ihre persönlichen Kenntnisse in einem jungen, dynamischen Team kontinuierlich erweitern?

Wir sind IMC Networks. Ein stark expandierendes Beratungsunternehmen mit Spezialisierung auf die Automobilindustrie. Unsere Kunden sind sowohl führende Premiumhersteller als auch internationale Zulieferunternehmen, für die wir mit Leidenschaft und höchster Professionalität nachhaltige Werte und Strategien entlang der gesamten Wertschöpfungskette entwickeln. Diese setzen wir direkt vor Ort in enger Zusammenarbeit mit unseren Kunden für eine erfolgreiche Zukunft um.

Wir freuen uns auf Ihre Bewerbung.

www.imc-networks.de

... über die Karriere:

Unser Erfolg basiert auf jedem einzelnen unserer Mitarbeiter. Wir suchen Menschen, die über intellektuelle Fähigkeiten und Kreativität verfügen, die gleichzeitig Visionen verfolgen und Implementierungen begleiten können und die dabei Freude an der Bewältigung ständig wechselnder Herausforderungen haben und ausstrahlen.

Von unseren Beratern erwarten wir einen mindestens guten Hochschulabschluss der Studienrichtungen Wirtschaftswissenschaften, (Wirtschafts-) Ingenieurwesen, (Wirtschafts-) Informatik oder Naturwissenschaften sowie erste Erfahrungen in der Beratungsbranche oder in der Automobilindustrie, z.B. in Form von Praktika. Hohe analytische Fähigkeiten, Kommunikationsstärke, gute Sprachkenntnisse, exzellente Referenzen, hohe Sozialkompetenz, Teamgeist sowie unternehmerisches Denken runden Ihr Profil ab.

Bei IMC Networks starten Sie direkt nach Ihrem Studienabschluss als Consultant, übernehmen früh Verantwortung innerhalb Ihres Kundenprojektes sowie für interne Themen und können sich entsprechend Ihrer Leistung in relativ kurzer Zeit zum Senior Consultant weiterentwickeln.

Weitere Informationen zu den einzelnen Karrierestufen und den spezifischen Erwartungen und Aufgaben entnehmen Sie bitte unserer Website
→ www.imc-networks.de

... Möglichkeiten zur persönlichen Weiterentwicklung:

Es stehen Ihnen bei uns außerordentliche Karriereperspektiven offen. Regelmäßig legen wir Ihre Entwicklungsperspektiven gemeinsam mit Ihnen fest. Ein Mentor kümmert sich stets als Ihr Wegbegleiter um Sie. Er ist für Sie verantwortlich und hilft Ihnen, Ihre persönliche wie berufliche Entwicklung innerhalb von IMC Networks zu planen und zu verfolgen. Neben »Training-on-the-job« erweitern Sie Ihr Know-how durch interne Schulungen sowie den fortlaufenden Wissenstransfer zwischen Ihnen und Ihren Kollegen.

Erfahrene Berater unterstützen Sie und helfen Ihnen Ihre Stärken weiter auszubauen und gezielt an Ihren Schwächen zu arbeiten. Interne Verantwortung durch die Leitung eines IMC Ressorts ermöglicht es Ihnen, sich selbst zu entfalten und maßgeblich an dem Wachstum und dem Erfolg von IMC Networks mitzuwirken. Durch unsere Teamevents schaffen wir den Zusammenhalt unter den Kollegen und achten darauf, die Work-Life Balance zu Ihrer Zufriedenheit einzuhalten.

... über das Bewerbungsverfahren:

Haben wir Ihr Interesse an einer Beratertätigkeit bei IMC Networks geweckt? Dann schicken Sie uns Ihre Bewerbungsunterlagen.

Konnten Sie uns durch Ihre Unterlagen überzeugen, führen wir mit Ihnen eine erste Interviewrunde durch. Hier können Sie durch das Bearbeiten einer praxisorientierten Fallstudie Ihre analytischen Fähigkeiten sowie Ihre strukturierte Denkweise unter Beweis stellen. Dabei haben Sie auch die Gelegenheit, uns und unsere Arbeit näher kennenzulernen. Haben Sie diese Runde erfolgreich absolviert, werden Sie zu einer zweiten Interviewrunde eingeladen. Können Sie dort unsere Partner von sich überzeugen, wird Ihnen ein Vertragsangebot unterbreitet.

Nun liegt es bei Ihnen, Ihre Leidenschaft für die Automobilindustrie und die Beratung zu Ihrem Job zu machen und sich gemeinsam mit IMC Networks weiter zu entwickeln.

Bewerbungen bei IMC Networks sind zu jeder Zeit möglich.

Bitte senden Sie Ihre Bewerbungsunterlagen per Post oder per Email an Frau Christine Röming: perspectives@imc-networks.de

MAHLE GmbH

Pragstraße 26-46
70376 Stuttgart
Tel: +49 (0)7 11 501-0
→ www.mahle.com
jobs@mahle.com

Das sagt das Unternehmen ...

... über sich selbst:

Als führender globaler Entwicklungspartner der Automobil- und Motorenindustrie bieten wir eine einzigartige Systemkompetenz im Bereich Verbrennungsmotor und Motorperipherie. So zählt der MAHLE Konzern weltweit zu den Top-3-Systemanbietern für Kolbensysteme, Zylinderkomponenten, Ventiltriebsysteme, Luftmanagement-Systeme und Flüssigkeitsmanagement-Systeme. Alle bekannten Hersteller von Verbrennungsmotoren gehören zu unseren Kunden. Seit über 80 Jahren treiben wir die Entwicklung der Fahrzeug- und Motorentechnik entscheidend voran und setzen dabei immer wieder Maßstäbe. Driven by performance – MAHLE steht für überdurchschnittliche Begeisterung für Leistung, Präzision, Perfektion und hohe Innovationskraft. In allen wichtigen Weltmärkten zeigen wir Präsenz vor Ort. Rund 48.000 Mitarbeiter engagieren sich an 110 Produktionsstandorten und in acht Forschungs- und Entwicklungszentren. Weltweit arbeiten mehr als 2.500 Entwicklungsingenieure und Techniker als Entwicklungspartner unserer Kunden an zukunftsweisenden Konzepten, Produkten und Systemen für die Weiterentwicklung des Verbrennungsmotors. 2007 erzielte der MAHLE Konzern einen Umsatz von über 5 Mrd. EUR (7,5 Mrd. USD) und zählt damit zu den 30 weltweit größten Automobilzulieferern.

... über die Karriere:

Wir stellen hohe Ansprüche an unsere Mitarbeiter. Und an uns. Denn wir wissen, dass wir nur langfristig Erfolg haben, wenn wir Entwicklungspotenziale erkennen, individuelle Fähigkeiten gezielt fördern und sicherstellen, dass auch die Rahmenbedingungen stimmen.

Wer bei uns einsteigt, kann diese Unternehmensphilosophie erleben: moderne Lern- und Vermittlungsmethoden, umfangreiche Aus- und Weiterbildungsmaßnahmen, flexible Arbeitszeitmodelle, große Entscheidungsfreiräume und ein zielgerichtetes Projektmanagement.

Mit einem konzernweiten Programm entwickeln wir systematisch aus unserem internationalen Mitarbeiterstamm den qualifizierten Nachwuchs an Führungskräften. Ein kooperativer Führungsstil und regelmäßige Kompetenz- und Potenzialanalysen bilden hierfür die Grundlage.

Nutzen Sie Ihre Chance – es bieten sich folgende Arten des Einstiegs bei MAHLE:

Internationales Traineeprogramm

Sie erwartet ein individuell gestaltetes Traineeprogramm von 15 bis 18 Monaten Dauer. Dabei bearbeiten Sie komplexe Aufgaben in unterschiedlichen Fachbereichen und Traineeprojekte zu konzernübergreifenden Themenstellungen. Sie werden Einsätze an verschiedenen Standorten haben – auch im Ausland. Mentoren aus dem Fachbereich und der Personalentwicklung betreuen Sie und geben Ihnen regelmäßiges Feedback über Ihre persönliche und fachliche Entwicklung. Darüber hinaus profitieren Sie von gezielten Trainings- und Personalentwicklungsmaßnahmen sowie einem einzigartigen Netzwerk von aktiven und ehemaligen Trainees.

Das bringen Sie mit: Umfassendes fachliches Know-how durch ein überdurchschnittlich abgeschlossenes Studium sowie einschlägige Praktika. Mindestens sechs Monate Auslandserfahrung und Bereitschaft zur weltweiten Mobilität. Sehr gute Kenntnisse in Englisch und in einer weiteren Weltsprache. Und natürlich die richtigen Soft Skills: Kommunikationsstärke, Teamgeist, Engagement und Begeisterungsfähigkeit für die »Faszination Motor«.

Direkteinstieg bei MAHLE

Sie erwartet eine intensive Einarbeitung mit konkreten Vereinbarungen über Ziele. Herausforderungen und Perspektiven, die Sie weiterbringen. Vielseitige und eigenverantwortliche Tätigkeiten mit großen Entscheidungsfreiräumen und kurzen Wegen. Die Chance, eigene Ideen einzubringen und Entwicklungen voranzutreiben. Dabei werden Sie durch eine gezielte Förderung Ihrer individuellen Fähigkeiten sowie umfangreiche Personalentwicklungsmaßnahmen unterstützt.

Das bringen Sie mit: Ein Studium mit einschlägigen Praktika und überdurchschnittlichem Abschluss. Berufserfahrungen in dem entsprechenden Fachgebiet. Sehr gute Kenntnisse in Englisch. Eine selbständige und strukturierte Arbeitsweise sowie Kommunikationsstärke, Teamgeist und Engagement.

Praktika und Abschlussarbeiten bei MAHLE

Ob Grund- oder Fachpraktikum, 1. oder 2. Praxissemester: Bei MAHLE ist alles möglich. Typische Studienrichtungen sind insbesondere:

- Maschinenbau
- Fahrzeug- und Motorentechnik
- Mechatronik
- Wirtschaftsingenieurwesen
- Betriebswirtschaft

Die betrieblichen Einsätze im In- und Ausland sind vielfältig und unter anderem möglich in:

- Forschung und Entwicklung
- Konstruktion
- Produktion
- Qualitätsmanagement
- Materialwirtschaft und Logistik
- Vertrieb
- Controlling
- Personal

Abschlussarbeiten bieten wir analog zu den Fachpraktika im technischen und kaufmännischen Bereich an. Erfahrungsgemäß entwickeln sie sich oft aus Einsätzen während der Fachpraktika.

… über das Bewerbungsverfahren:

Wenn Sie Interesse an einer Position in unserem Unternehmen haben, freuen wir uns sehr über die Zusendung Ihrer Bewerbung. Hierbei haben Sie grundsätzlich zwei Möglichkeiten: Die Bewerbung per E-Mail ist die einfachste und schnellste Art der Bewerbung. Sie können uns Ihre Unterlagen aber auch per Post zukommen lassen. Bitte senden Sie Ihre Bewerbung immer an einen entsprechenden Ansprechpartner. Wenn Sie sich auf ein konkretes Stellenangebot bewerben, finden Sie den Ansprechpartner mit Adresse und Telefonnummer in der jeweiligen Anzeige. Wenn Sie sich initiativ bewerben möchten, informieren Sie sich bitte auf der Homepage, wer für die von Ihnen bevorzugte Form des Einstiegs zuständig ist. Um Rückfragen zu vermeiden, sollten Sie uns – egal ob per E-Mail oder per Post – eine möglichst vollständige Bewerbung zukommen lassen. Diese sollte ein Anschreiben, Lebenslauf und alle relevanten Schul- und Hochschulzeugnisse sowie Arbeitszeugnisse enthalten. Bei der Bewerbung per E-Mail hängen Sie diese Unterlagen bitte als PDF-Dokument Ihrer E-Mail an.

Der weitere Bewerbungsablauf sieht bei uns folgendermaßen aus: Sie erhalten nach dem Eingang Ihrer Bewerbung bei uns automatisch eine Eingangsbestätigung. Ihre Bewerbung wird zunächst durch unseren Personalbereich gesichtet und dann an den zuständigen Fachbereich weitergeleitet und dort eingehend geprüft. Haben Sie unser Interesse geweckt, erwartet Sie die nächste Stufe im Auswahlverfahren: Ein persönliches Gespräch vor Ort oder – im Falle des Internationalen Traineeprogramms – ein Assessment Center. Weitere Informationen zum Bewerben bei MAHLE finden Sie auf unserer Homepage unter → www.mahle.com. Hier können Sie auch unsere aktuellen Stellenangebote einsehen.

Porsche Consulting GmbH

Porschestraße 1
74321 Bietigheim-Bissingen
→ www.porsche-consulting.de
consulting.bewerbung@porsche.de

Porsche Consulting
Einfach. Schnell. Erfolg erfahren.

Das sagt das Unternehmen ...

... über sich selbst:

Schlank und erfolgreich - Attribute, die man unmittelbar mit dem Namen Porsche verbindet. Doch was heute wie selbstverständlich wirkt, war nicht immer so. Anfang der 90er Jahre steckte das Stuttgarter Unternehmen in einer Krise. Ein radikaler Umdenk- und Sanierungsprozess war nötig. Und er war erfolgreich. Nach nur drei Jahren war der Turnaround geschafft - gefolgt von einem Wachstumskurs, der bis heute anhält.

Aus der erfolgreichen Umstrukturierung des Sportwagenherstellers ging im August 1994 ein neues Unternehmen hervor: die Porsche Consulting GmbH. Eine hundertprozentige Tochtergesellschaft der Dr. Ing. h.c. F. Porsche AG. Mit einem Umsatz von 55,1 Mio. Euro und über 200 Mitarbeitern finden Sie uns unter den Top 20 der größten deutschen Beratungsunternehmen in Deutschland.

Mit der Gründung der Porsche Consulting GmbH stellen die Mitarbeiter der Porsche AG, die sowohl die Optimierung der internen Wertschöpfung - sprich der eigenen Produktion - als auch die Prozessoptimierung mit Lieferanteneinbindung aktiv mitgestaltet haben, ihre praktischen Erfahrungen als Berater auch anderen Firmen zur Verfügung. Und sind damit vielleicht die einzigen Berater, die jede ihrer Empfehlungen bereits im eigenen Unternehmen getestet und erfolgreich umgesetzt haben.

Seit dem 15. November 2006 ist die Porsche Consulting mit einer eigenen Tochtergesellschaft in Italien vertreten. Vom Firmensitz in Mailand aus wird eine Reihe namhafter Unternehmen in Italien erfolgreich beraten.

Berater von Porsche Consulting begleiten den Wachstumsprozess vom kleinsten unabhängigen und zugleich profitabelsten Automobilhersteller der Welt. Bei Porsche Consulting steht der Wertschöpfungsprozess im Mittelpunkt des Handelns. Neben dem Menschen natürlich. Wir gestalten und optimieren Prozesse entlang der gesamten Wertschöpfungskette.

Doch was genau macht uns so erfolgreich? Vielleicht liegt es daran, dass wir ausschließlich nach Prinzipien arbeiten, die Porsche erfolgreich gemacht haben und noch immer machen. Vielleicht daran, dass wir dieses praxiserprobte Wissen branchenübergreifend zur Verfügung stellen.

Über 80 Prozent des Umsatzes erzielt die Porsche Consulting mit externen Klienten, unter anderem im europäischen Ausland, den USA, Südamerika und Asien. Neben der Automobilindustrie zählen Automobilzulieferer, Unternehmen aus dem Maschinenbau, der Elektrotechnik sowie der Lebensmittel-, Bau-, Möbel- und Hausgeräteindustrie zum Klientenstamm. Auch im Handel, Finanzdienstleistungsbereich und Gesundheitswesen setzen wir Projekte zum Thema Lean Management erfolgreich um.

Nach wie vor sind die Projekte innerhalb der Muttergesellschaft von großer Bedeutung, da hier neue Beratungsansätze entwickelt und erprobt werden können.

... über die Karriere:

Porsche Consulting verfolgt die Vision vom verschwendungsfreien Unternehmen. Im Umkehrschluss heißt das: Wir suchen nach unnötigem Ballast und werfen ihn über Bord. Wir verschlanken Prozesse, Produkte und Strukturen.

Was wir predigen, leben wir auch. Porsche Consulting ist vielleicht die einzige Beratungsgesellschaft, die nach Methoden arbeitet, die im eigenen Unternehmen bereits erfolgreich angewendet wurden - und noch immer werden.

Unser Anspruch ist es, in möglichst kurzer Zeit effizienzsteigernde Ideen für unsere Kunden zu generieren und diese in Resultate umzusetzen. Denn wir halten uns nicht gern lange mit der Theorie auf, wir kommen lieber rasch zur Praxis. Damit das gelingt, denken und handeln wir pragmatisch. Ohne Umwege.

Aber wir denken auch quer. So setzen sich unsere Teams aus Meistern, Technikern, Diplom-Ingenieuren und Diplom-Kaufleuten zusammen. Ungewöhnlich für Berater, aber unerlässlich für den Erfolg. Denn wer mit allen Ansprechpartnern im Unternehmen auf einer Ebene arbeiten will, muss das Geschäft verstehen und Lösungen entwickeln, die für jeden nachvollziehbar sind. Nicht vom Schreibtisch aus, sondern direkt vor Ort beim Kunden.

In einer Sprache, die ohne Fachchinesisch auskommt. Schließlich wollen wir nicht viele Worte machen. Wir lassen lieber Taten sprechen. Und Resultate. Frei nach dem Motto: Einfach. Schnell. Erfolg erfahren.

Wir gehen die Probleme offen und direkt an, beziehen die Mitarbeitern mit ein, analysieren Lösungsvorschläge zur Effizienzsteigerung und setzen diese gemeinsam mit dem Kunden um.

Was wir erwarten:

- Ein überdurchschnittlich abgeschlossenes Studium, idealerweise in (Wirtschafts-)Ingenieurwesen mit den Schwerpunkten Automobil, Maschinenbau oder Fertigungsindustrie oder in Wirtschaftswissenschaften mit den Schwerpunkten Produktion und Logistik, Beschaffung und Einkauf, Entwicklung oder Vertrieb
- Ausgeprägte Team-, Kommunikations- und analytische Fähigkeiten sowie hohe Einsatzbereitschaft, Eigeninitiative und Kreativität
- Sehr gute Sprachkenntnisse und internationale Erfahrung
- Begeisterung für das Thema Lean Management, Spaß an umsetzungsorientierter Projektarbeit und praktische Erfahrungen auf dem Gebiet Schlanke Prozesse

Um unser Wachstum erfolgreich fortsetzen zu können, haben wir einen permanenten Bedarf an Absolventen, Beratern mit Berufserfahrung sowie Praktikanten und Diplomanden.

Insbesondere für unseren neuen Standort in Mailand suchen wir qualifizierte Mitarbeiter mit verhandlungssicheren Italienischkenntnissen.

... über die Entwicklungsmöglichkeiten der Mitarbeiter:

Wenn Sie Wert auf flache und übersichtliche Hierarchien in einem international tätigen, professionellen Beratungsunternehmen legen und zudem in die Strukturen eines erfolgreichen Automobilkonzerns eingebunden sein wollen, dann sind Sie bei uns richtig.

Im Rahmen unserer Klientenprojekte haben Sie die Chance, das dynamische Wachstum des Unternehmens aktiv mitzugestalten. Gemeinsam mit erfahrenen Beratern entwickeln und konzeptionieren Sie neue Beratungstools, die unser Angebot kontinuierlich erweitern. Wir wollen unsere Klienten für das Thema Lean Management begeistern und so die Leistungsfähigkeit ihrer Unternehmen steigern.

Wir bieten unseren Mitarbeitern maßgeschneiderte Ein- und Aufstiegsprogramme. Wer andere zu Höchstleistung führt, muss selbst fit sein und sich permanent weiterbilden. Dafür entwickeln wir neben »Training-on-the-job« gemeinsam mit jedem Berater einen individuellen Trainingsplan fachlicher und fachübergreifender Weiterbildung. Kontinuierliche Schulungen und Trainings finden in unserer Porsche Akademie statt, Auslandsaufenthalte sind projektseitig üblich und werden mit dem persönlichen Mentor abgestimmt. Unsere Berufseinsteiger betreuen nach kürzester Zeit eigenverantwortliche Projektaufgaben und werden im Team auf zukünftige Einsätze vorbereitet.

Die Porsche Consulting bietet zudem Weiterbildungsprogramme im Porsche Konzern an, zum Beispiel die Porsche Nachwuchsförderung. Das Leistungsangebot für unsere Mitarbeiter wird abgerundet durch Zusatzleistungen wie die Porsche VarioRente oder ein attraktives Leasingangebot für Porsche-Fahrzeuge.

... über Praktika:

Sie haben Ihr Vordiplom mit überdurchschnittlichem Erfolg abgeschlossen? Sie möchten Ihre theoretischen Kenntnisse durch eigenständige Projektarbeit und durch die Einbindung in das operative Beratergeschäft erweitern? Sie sind engagiert, zielorientiert und vom Mythos Porsche begeistert?

Dann könnte Porsche Consulting Ihr Karriere-Turbo sein. Wir freuen uns auf Sie. Bitte informieren Sie sich auf unserer Website über offene Praktikanten- und Diplomandenstellen.

... über das Bewerbungsverfahren:

Wenn Sie Interesse an einer Position in unserem Unternehmen haben, freuen wir uns über die Zusendung Ihrer vollständigen Bewerbungsunterlagen.

Konnten Sie uns mit Ihrer Bewerbung begeistern, laden wir Sie zu einem ersten Interview mit zwei Beratern verschiedener Hierarchiestufen und einem Mitarbeiter unserer Personalabteilung ein. Im persönlichen Gespräch und einer dem Berateralltag entnommenen Fallstudie haben Sie die Gelegenheit, Ihre Fähigkeiten zu präsentieren und Porsche Consulting näher kennen zu lernen. Bei positivem Verlauf des Gesprächs lernen Sie in der nächsten Interviewrunde die Geschäftsleitung von Porsche Consulting kennen. Können Sie auch diese überzeugen, erhalten sie zeitnah ein konkretes Vertragsangebot und Ihrem Einstieg bei Porsche Consulting steht von unserer Seite nichts mehr im Wege.

Weitere Informationen finden Sie auf unserer Homepage unter:

→ www.porsche-consulting.de

Ihre Bewerbung richten Sie bitte an Herrn Stefan Stock per E-Mail:

bewerbung@porsche-consulting.com

Volkswagen Consulting

Brieffach 011/1937
38436 Wolfsburg
Telefon +49 (0)5361 897-3535
→ www.volkswagen-consulting.de

VOLKSWAGEN | CONSULTING

Das sagt das Unternehmen ...

... über sich selbst:

Als interne Beratung des Volkswagen Konzerns sind wir Denk- und Umsetzungspartner für das Top-Management. Die strategische Ausrichtung ist uns ebenso wichtig wie die operative Umsetzung. Denn nur so generieren wir bleibenden Mehrwert für den Volkswagen Konzern.

Es geht bei Volkswagen Consulting jedoch nicht allein um Automobile, es geht auch um Mobilität. Die beginnt bei uns im Kopf. Unser junges, interdisziplinäres Berater-Team (Durchschnittsalter 32 Jahre) verfügt über die richtige Mischung aus Hochschulabsolventen und erfahrenen Beratern aus externen Top-Management Beratungen. Das macht uns wettbewerbsfähig und ermöglicht unseren jungen Beratern, schnell Fahrt aufzunehmen.

Wir beraten den Volkswagen Konzern entlang der gesamten Wertschöpfungskette in den Themenfeldern Marketing & Vertrieb, Beschaffung, Forschung & Entwicklung und Produktion, Logistik & Qualität. Der hohe Anspruch an unsere Arbeit, die detaillierte Kenntnis der Herausforderungen im Konzern und die Fähigkeit, pragmatische Lösungen zu entwickeln und umzusetzen, sind für unseren Erfolg verantwortlich. Entscheidend ist die Begeisterung für Autos und die Automobilindustrie. So ist Volkswagen Consulting seit dem Gründungsjahr 1999 zu einer der größten strategischen Unternehmensberatungen im Automotive-Bereich mit über 100 Beratungsprojekten pro Jahr gewachsen.

Als Beratungspartner betreut Volkswagen Consulting die Konzernmarken, Joint Ventures, Tochtergesellschaften und Funktionen des Volkswagen Konzerns in aller Welt. Mit ca. 50 Fertigungsstätten und mehr als 150 Auslieferungsländern ergibt sich ein interessanter Mix aus lokalen, nationalen und internationalen Einsätzen.

Internationale Projekte bedeuten eine Vielfalt an neuen Erfahrungen und abwechslungsreiche Aufgaben, auf der anderen Seite erfordern Projekte außerhalb unseres Standortes ein hohes Maß an Flexibilität und Reisebereitschaft.

... über die Karriere:

Im Beratungsgeschäft ist der Mensch das wichtigste Element. Deshalb investieren wir viel in unsere Berater. Die Möglichkeiten sind vielfältig. Coaching in der Projektarbeit und beratungsspezifische Trainings sind selbstverständlich. Jenseits der Projekte bringt uns eine breite Palette vom gemeinsamen Teambuilding bis zu individuellen Freizeitaktivitäten zusammen. Darüber hinaus können Sie sich aus dem ganzen Weiterbildungsangebot eines Großkonzerns Ihr individuelles Programm zusammenstellen. Sie können sogar bei Volkswagen Consulting promovieren. Ihr persönlicher Mentor gestaltet mit Ihnen zusammen Ihre Entwicklung.

Dass es den Beratern neben den Projekten auch gelingt, eine ausgewogene Work-Life-Balance zu erreichen, ist bei uns nicht nur Kür, sondern Pflicht. Die Bandbreite unserer Projekte gibt Ihnen die Möglichkeit, weltweit eingesetzt zu sein oder bei Projekten in der Umgebung unseres Standortes unter der Woche Ihren persönlichen Interessen nachzugehen.

Einfach Mensch sein bedeutet für uns auch, soziale Verantwortung, z.B. in pro-bono Beratungsprojekten, zu übernehmen.

...über Praktika:

Beratungsluft schnuppern – das bedeutet, am Puls der Zeit zu arbeiten. Dabei zu sein, wenn Konzepte und Strategien geschmiedet und in die Tat umgesetzt werden. Mit einem Praktikum bei Volkswagen Consulting wird Studierenden im Hauptstudium die Möglichkeit gegeben, einen Einblick in die Welt der internen Unternehmensberatung zu bekommen und die unterschiedlichen

Facetten des Volkswagen Konzerns auf Projektbasis kennen zu lernen. Für mindestens drei Monate arbeiten Sie dabei als Mitglied in einem unserer Beraterteams direkt beim Kunden, gegebenenfalls auch im Ausland.

Als Praktikant unterstützen Sie uns in der Informationsbeschaffung und -auswertung in laufenden Projekten, in der Planung und Durchführung von Interviews sowie bei der Vorbereitung und Veranstaltung von Workshops. Dabei bestimmen Sie selbst durch Ihre Leistung und Ihr Engagement, in welchem Umfang Ihnen eigenverantwortlich Aufgaben übertragen werden.

Während Ihres gesamten Praktikums werden Sie intensiv betreut. Einerseits durch einen erfahrenen Berater als Mentor, der Ihnen in allen organisatorischen und persönlichen Fragen zur Seite steht; andererseits durch den Projektleiter, der Sie fachlich begleitet. Am Ende Ihres Praktikums erhalten Sie ein ausführliches Feedback. Bei entsprechend guten Leistungen möchten wir natürlich auch über Ihr Praktikum hinaus für eine mögliche spätere Festanstellung mit Ihnen in Kontakt bleiben.

Was erwarten wir von Ihnen? Neben sehr guten Noten aus Abitur und Vordiplom weisen Sie möglichst fachbezogene Praktika und erste Auslandserfahrungen auf. Sie sprechen sehr gut Deutsch und Englisch, beherrschen MS Office (PowerPoint, Excel, Word) und zeichnen sich durch analytische Fähigkeiten, schnelle Auffassungsgabe, Kreativität, Eigeninitiative und Belastbarkeit aus. Wichtig ist uns außerdem, dass Sie ein guter Kommunikator sind, Humor mitbringen und gerne im Team arbeiten.

... über das Bewerbungsverfahren:

Das Volkswagen-Universum weckt in Ihnen das Verlangen, nach den Sternen zu greifen? Wir suchen Mitarbeiterinnen und Mitarbeiter, die Visionen haben und unternehmerisch denken. Menschen, die das Potenzial besitzen, einen Mobilitätskonzern auf die Zukunft auszurichten.

Unsere Arbeit stellt besondere Herausforderungen. Ein sehr guter Universitätsabschluss ist deshalb für den Einstieg bei Volkswagen Consulting Voraussetzung. Die Fachrichtung Ihres Studiums spielt eine sekundäre Rolle. Wir setzen voraus, dass Sie die klassischen Eigenschaften eines Beraters bereits mitbringen: überdurchschnittliche Analytik, hohe Prozesssicherheit und die

Fähigkeit, zielorientiert zu kommunizieren. Ganz wichtig für uns ist, dass Sie in unser Team passen. Die besten Zeugnisse verlieren für uns an Wert, wenn es menschlich zwischen uns nicht stimmt.

Als Hochschulabsolvent haben Sie idealerweise bereits Interesse am Auto und an der Automobilbranche durch Praktika demonstriert. Die Bereitschaft und die Fähigkeit zur Arbeit in einem interkulturellen Umfeld haben Sie durch Auslandsaufenthalte während des Studiums unter Beweis gestellt. Haben Sie schon mehrere Jahre Erfahrung in einer Strategieberatung oder in der Automobilindustrie gesammelt, dann ist ein Karriereeinstieg als »Senior Hire« möglich.

Ihre Bewerbung können Sie uns per E-Mail oder auch in Papierform zusenden. Bei Volkswagen Consulting sind Bewerbungen jederzeit möglich, es gibt keine festen Bewerbungstermine. Idealerweise geht Ihre Bewerbung mindestens drei Monate vor Ihrem geplanten Einstieg bei uns ein.

Wichtig ist uns, dass Ihre Bewerbung ein aussagekräftiges Anschreiben und einen tabellarischen Lebenslauf inklusive Lichtbild enthält. Bitte fügen Sie zu allen in Ihrem Lebenslauf aufgeführten Praktika / Tätigkeiten entsprechende Zeugnisse bei. Unbedingt erforderlich sind Abitur-, Vordiplom- und Diplomzeugnis sowie Zeugnisse aller bisherigen Arbeitgeber.

Haben uns Ihre Qualifikationen überzeugt, laden wir Sie zu einem Vorstellungsgespräch nach Wolfsburg ein. Bei Hochschulabsolventen besteht das Vorstellungsgespräch aus mehreren Einzelgesprächen mit unterschiedlichen Beratern sowie der Bearbeitung von Fallstudien gemeinsam mit Mitbewerbern. Neben analytischem Denkvermögen und Kreativität ist uns wichtig, dass Sie hierbei durch Ihre Persönlichkeit überzeugen. Bewerber mit Berufserfahrung führen mehrere Einzelgespräche mit unseren Beratern. Direkt nach dem Vorstellungstag teilen wir Ihnen mit, wie es weitergeht.

Ihre Bewerbung in deutscher oder englischer Sprache schicken Sie bitte per E-Mail an volkswagen-consulting@volkswagen.de. Verwenden Sie dabei bitte gängige Dateiformate (z.B. PDF, JPEG) bis zu einer maximalen Größe von 2 MB.

Sie können uns Ihre schriftliche Bewerbung auch per Post an oben genannte Adresse z. Hd. Herrn Holger Raschke (Telefon: +49 (0)5361 897-3535 und Fax: +49 (0)5361 897-3503) senden.

Weitere Unternehmenskontakte

Im Folgenden finden Sie die Anschriften der wichtigsten Systemlieferanten und Automobilhersteller mit Geschäftstätigkeiten im deutschsprachigen Raum.

Audi AG

85045 Ingolstadt
Tel.: +49 (0)841 89-313-64
→ www.audi.de/karriere

Recruiting-Kontakt:
Monika Sterler
karriere@audi.de

Modellreihen Audi A3, Audi A4, Audi A5, Audi A6, Audi A8, Audi TT, Audi Q5, Q7, Audi R8 sowie die jeweiligen S-Modelle

Adam Opel GmbH

Friedrich-Lutzmann-Ring
65423 Rüsselsheim
Tel.: +49 (0)6142 77-0
→ www.yourfuture.opel.de

Recruiting-Kontakt:
central.recruitment@de.opel.com

Personenkraftfahrzeuge und leichte Nutzfahrzeuge

Benteler AG

Residenzstraße 1
33104 Paderborn
Tel.: +49 (0)52 5481-0
→ www.benteler.de

Recruiting-Kontakt:
recruit_de@benteler.de

Die Benteler-Gruppe ist mit ihrem Geschäftsbereich Automobiltechnik führender Zulieferer von Stahl- und Edelstahlrohren.

Bertrandt AG

Birkensee 1
71139 Ehningen
Tel.: +49 (0)7034 656-4028
→ www.bertrandt.com

Recruiting-Kontakt:
Melanie Schulze
melanie.schulze@de.bertrandt.com

Bertrandt entwickelt einzelne Komponenten, Module und komplette Derivate. Zu den Hauptkunden zählen die großen OEMs sowie zahlreiche Systemlieferanten.

EDAG GmbH & Co. KGaA

Reesbergstraße 1
36039 Fulda
Tel.: +49 (0)661 6000-9149
→ www.edag.com

Recruiting-Kontakt:
Nadine Mehler
personalmarketing@edag.de

EDAG ist ein Entwicklungspartner für maßgeschneiderte und fertigungsoptimierte Konzepte und Lösungen für die Mobilitätsbedürfnisse der Zukunft.

ElringKlinger AG

Max-Eyth-Straße 2
72581 Dettingen / Erms
Tel.: +49 (0)7123 724-0
→ www.elringklinger.de

Recruiting-Kontakt:
Peter Müller
personal@elringklinger.de

ElringKlinger ist ein weltweit tätiger Entwicklungspartner und Erstausrüster für Zylinderkopf- und Spezialdichtungen, Gehäusemodule und Abschirmteile für Motor, Getriebe und Abgasanlage.

Faurecia Autositze GmbH

Nordsehler Straße 38
31655 Stadthagen
Tel.: +49 (0)5721 702-1215
→ www.faurecia.com

Recruiting-Kontakt:
Klaudine Gericke
klaudine.gericke@faurecia.com

Autositze, Türverkleidungen, Abgassysteme, Instrumententafeln, Akustik und Cockpit

GETRAG Corporate Group

Herrmann-Hagenmeyer-Straße
74199 Untergruppenbach
Tel.: +49 (0)7131 644-40
→ www.getrag.de

Recruiting-Kontakt:
Stephanie Nägele
stephanie.naegele@getrag.de

Die GETRAG Corporate Group ist ein international tätiger Systemlieferant und Integrationspartner für Getriebe- und Antriebsstrangsysteme.

Wilhelm Karmann GmbH

Karmannstraße 1
49084 Osnabrück
Tel.: +49 (0)541 581-0
→ www.karmann.com

Recruiting-Kontakt:
Herr Steiner (Studenten)
asteiner@karmann.com
Herr Remme (Absolventen)
gremme@karmann.com

Technische Entwicklung: Design, Konzept sowie Entwicklung
Dachsysteme: Entwicklung und Produktion
Betriebsmittelbau: Werkzeuge und Vorrichtungen
Fahrzeugbau: alle Leistungen für die Serienfertigung von Modulen und kompletten Fahrzeugen (Gesamtfahrzeugkompetenz)

Klingelnberg GmbH

Peterstraße 45
42499 Hückeswagen
Tel.: +49 (0)2192 81-0
→ www.klingelnberg.com

Recruiting-Kontakt:
n.frerck@klingelnberg.com
Norma Frerck

Die Klingelnberg GmbH ist ein international tätiges Maschinenbauunternehmen mit Schwerpunkt auf Spiralkegelrädern, Verzahnungsmaschinen, Schleifmaschinen und Verzahnungsmessgeräten.

Mahle GmbH

Pragstraße 26–46
70376 Stuttgart
+49 (0)711 50-10
→ www.jobs.mahle.com

Recruiting-Kontakt:
Anja Böhringer (Studenten)
anja.boehringer@mahle.com
Silke Hoos (Berufseinsteiger)
silke.hoos@mahle.com

Kolbensysteme, Zylinderkomponenten, Ventiltriebsysteme, Luftmanagement-Systeme, Flüssigkeitsmanagement-Systeme

Michelin Reifenwerke AG & Co. KGaA

Michelinstraße 4
76185 Karlsruhe
Tel.: +49 (0)721 530-0
→ www.michelin.de

Recruiting-Kontakt:
Sandra Käferstein-Sänger
sandra.kaeferstein@de.michelin.com

Michelin ist ein international führender Reifenhersteller. Täglich produziert das Unternehmen etwa 900.000 Reifen für Bau-, Landwirtschafts- und Industriefahrzeuge sowie U-Bahnen und Flugzeuge.

OC Oerlikon Management AG

Churerstraße 120
8808 Pfäffikon / SZ Schweiz
Tel.: +41 (0)58 360-9734
→ www.oerlikon.com

Recruiting-Kontakt:
Cecile Norz
cecile.norz@oerlikon.com

Oerlikon entwickelt Lösungen im Maschinen- und Anlagenbau. Das Unternehmen bietet Technologie in der Textilmaschinenherstellung, Dünnfilm-Beschichtung, Antriebs-, Präzisions- und Vakuumtechnologie.

Rehau AG + Co

Otto-Hahn-Straße 2
95111 Rehau
Tel.: +49 (0)9283 77-1021
→ www.rehau.de

Recruiting-Kontakt:
Nadine Lang
nadine.lang@rehau.com

Rehau ist ein internationaler Systemhersteller polymerbasierter Lösungen in den Bereichen Bau, Automotive und Industrie.

Rheinmetall AG

Rheinmetall Platz 1
40476 Düsseldorf
Tel.: +49 (0)211 473-01
→ www.rheinmetall.com

Recruiting-Kontakt:
Claudia Weber

Die Automotive-Sparte der Rheinmetall AG unterteilt sich in die Geschäftsbereiche Pierburg, KS Kolben, KS Gleitlager, KS Aluminium-Technologie und MSI Motor Service International.

Rücker AG

Kreuzberger Ring 40
65205 Wiesbaden
Tel.: +49 (0)611 7375-0
→ www.ruecker.de

Recruiting-Kontakt:
Claudia Beul-Boykin
personalmanagement@ruecker.de

Die Rücker AG ist seit über 35 Jahren ein weltweit operierender Entwicklungsdienstleister in den Bereichen Styling, Design und CAD-Entwicklung.

Toyota Motor Europe

Bourgetlaan 60
1140 Evere / Belgium
→ www.toyota-europe.com

Recruiting-Kontakt:
Katleen Driessens
careers@toyota-europe.com

Personenwagen, Minivans, Jeeps, Luxuslimousinen und Trucks, die unter den Marken Toyota, Lexus und Daihatsu vertrieben werden

WITTE-Velbert GmbH

Höferstraße 3-15
42551 Velbert
Tel.: +49 (0)2051 498-0
→ www.witte-automotive.de

Recruiting-Kontakt:
Thomas Demant
thomas.demant@witte-automotive.de

WITTE entwickelt Schließ-, Verriegelungs- und Sicherheitssysteme für nahezu alle führenden Automobilhersteller.

Yacht GmbH

Rather Straße 110a
40476 Düsseldorf
Tel.: +49 (0)421 83025-0
→ www.yachtgroup.de

Recruiting-Kontakt:
personal@yacht-teccon.de

YACHT unterstützt Unternehmen aus den Branchen Aerospace, Automotive und Industrial Goods im Bereich Forschung und Entwicklung, Simulation, Qualitätsmanagement sowie Supplier Management.

ZF Friedrichshafen AG

Graf-von-Soden-Platz 1
88046 Friedrichshafen
Tel.: +49 (0)7541 77-0
→ www.zf.com

Recruiting-Kontakt:
Marcus Ladner

ZF ist als internationaler Konzern unter anderem in den Bereichen Antriebstechnik, Fahrwerktechnik, Antriebs- und Fahrwerkkomponenten, Gummi-Metalltechnik und Lenkungstechnik als führender Anbieter tätig.

Über das Karriere-Netzwerk squeaker.net:

squeaker.net ist ein im Jahr 2000 gegründetes Online-Karriere-Netzwerk (→ www.squeaker.net), in dem sich Studenten und junge Berufstätige über Karrierethemen austauschen. Dabei stehen Insider-Informationen wie Erfahrungsberichte über Praktika und Bewerbungsgespräche im Vordergrund. Die Community verfügt über die umfassendste deutschsprachige Erfahrungsberichte-Datenbank zu namhaften Unternehmen und zahlreiche Möglichkeiten, Kontakte zu anderen Mitgliedern und attraktiven Arbeitgebern zu knüpfen. Das Portal → www.consulting-insider.com bietet darüber hinaus angehenden Beratern ausführliche Informationen und zahlreiche Profile der führenden Unternehmensberatungen. Analog dazu wurde die Branchen-Plattform → www.finance-insider.com aufgebaut, die sich an junge Investmentbanker und Finanz-Interessierte richtet.

Mit der Ratgeber-Reihe »Das Insider-Dossier« veröffentlicht squeaker.net seit 2003 hochqualitative Bewerbungsliteratur für ambitionierte Nachwuchskräfte. Zu den Themenfeldern zählen bisher: Automotive, Brainteaser, Consulting, Consumergoods, Finance, Praktika in Asien sowie Wirtschaftsprüfung. Weitere Titel befinden sich bereits in Vorbereitung.

Presse-Stimmen zu den Insider-Dossiers:

»Fazit: Ein kompakter und dennoch ausführlicher Ratgeber zur Vorbereitung auf die Bewerbung, der seine Bezeichnung »Insider-Dossier« zu recht trägt.«
- **WISU-Magazin**

»Das Insider-Dossier »Bewerbung bei Unternehmensberatungen« bietet angehenden Unternehmensberatern bei der Karriereplanung und Bewerbung für Praktikum oder Berufseinstieg bei Consulting-Unternehmen einen entscheidenden Wissensvorsprung.« - **Hobsons-Verlag**

»Niemand sollte sich bei McKinsey & Co. bewerben, bevor er nicht dieses Buch gelesen hat.« - **Junge Karriere**

Mit den **Insider-Dossiers von squeaker.net** sind Sie den anderen immer **einen Schritt voraus.**

Unsere Insider-Dossiers bieten eine zuverlässige Vorbereitung auf die Bewerbung bei Top-Unternehmen. Die Inhalte stammen ausschließlich von Insidern und Branchenexperten – nicht von Journalisten. Lesen Sie nur das, was Sie tatsächlich weiterbringt!

Die Finance-Bewerbung
240 Seiten, 2. Auflage, € 29,90

Bewerbung in der Wirtschaftsprüfung
232 Seiten, € 19,90

Bewerbung in der Konsumgüterindustrie
224 Seiten, € 19,90

Bewerbung in der Automobilindustrie
208 Seiten, € 19,90

Brainteaser im Bewerbungsgespräch
160 Seiten, 3. Auflage, € 19,90

Einstellungstests bei Top-Unternehmen
152 Seiten, € 19,90

Bewerbung bei Unternehmensberatungen
288 Seiten, 5. Auflage, € 29,90

Neu: Unsere E-Books über Asien

Praktikum in China
€ 19,90

Praktikum in Singapur
€ 19,90

Praktikum in Indien
€ 19,90

Jetzt bestellen auf www.squeaker.net/insider